本书由教育部人文社会科学研究
"中国青年群体奢侈品消费行为及价值观研究"（编号17YJCZH149）项目资助

苏　昉／著

聚焦
青年群体的
时尚消费

WUHAN UNIVERSITY PRESS
武汉大学出版社

图书在版编目(CIP)数据

聚焦青年群体的时尚消费/苏昉著.—武汉:武汉大学出版社,2023.9
ISBN 978-7-307-23967-8

Ⅰ.聚… Ⅱ.苏… Ⅲ.青年—消费者行为论—研究—中国
Ⅳ.F126.1

中国国家版本馆 CIP 数据核字(2023)第 170464 号

责任编辑:邓 喆 责任校对:李孟潇 整体设计:韩闻锦

出版发行:**武汉大学出版社** (430072 武昌 珞珈山)
(电子邮箱:cbs22@whu.edu.cn 网址:www.wdp.com.cn)
印刷:湖北金海印务有限公司
开本:720×1000 1/16 印张:14 字数:174 千字 插页:2
版次:2023 年 9 月第 1 版 2023 年 9 月第 1 次印刷
ISBN 978-7-307-23967-8 定价:58.00 元

前　言

　　提起时尚，大多数人最先想到的就是法国。作为全球最大的奢侈品制造国，法国一直是时尚潮流的制造者和领导者，法国的奢侈品牌不仅创造出品质优良、工艺精湛、设计独特的产品，更向世界展示出法兰西民族独特的文化底蕴、审美观念及生活方式。时尚产业是法国经济的支柱性产业，其发展历程亦是法国社会和文化发展的重要组成部分。20世纪90年代，法国奢侈品牌率先进入中国市场，向中华大地吹来一股前所未有的时尚之风，普通民众的审美观念和消费理念受到极大的冲击。二十多年间，中国经济飞速发展，人民收入水平大幅提高。起飞的经济、稳定的政治环境、繁荣的国际贸易和井喷式发展的境外旅游，成就了逐渐崛起的中国时尚消费市场。到20世纪20年代，中国已经成为世界上最大的时尚消费国。

　　法国时尚产业发展历经百年，拥有完善的产业结构、成熟的消费市场和相对理性的消费人群。富裕阶层和中产阶层是奢侈品消费的主力，其中四十岁以上人群购买力最强，且男女比例相当。相比之下，中国人深受传统思想影响，等级观念根深蒂固，重视面子和人际关系，有较为明显的模仿、攀比和从众心态。具体到时尚消费方面，他们对外国品牌表现出极大的热情，但往往比较盲目，缺乏理性。值得关注的是，中国的时尚消费者年轻化趋势明显，社会阶层跨度大且女性居多。有调查显示，年龄在 18 至 40 岁之间的青年人群对时尚潮流有着十分浓厚的兴趣，多数人有过购买奢侈品的经历，甚至有相当一部分是习惯性消费者。

然而，大部分中国消费者对奢侈品的了解只停留在品牌名气和产品样式上，对奢侈品牌所倡导的生活方式和所体现的文化底蕴知之甚少。有相当长一段时期，以购买奢侈品为标志的时尚消费在大部分人眼中同财富和特权密不可分，是炫耀财富、展示实力和人情馈赠的重要方式，在很大程度上助长了浪费、腐败、道德败坏等不良风气。从 2014 年起，在新一届政府的推动下，中国展开了力度空前的反腐行动，全社会倡导践行社会主义核心价值观。反腐肃贪的行动成效十分显著，占据相当份额的公务类时尚消费降至冰点。然而，大众对时尚消费的热情并未减退。以奢侈品购物为主题的港澳游、东南亚游和欧美游等依旧火热，线上购物和海外代购激增，奢侈品牌的线下门店也迎来了更多的个人消费。以"千禧一代"①和"Z 世代"②为代表的年轻群体成为时尚消费的中坚力量。他们大多具有良好的教育背景和稳定的收入来源，在购买奢侈品时不仅重视品牌的声望和产品的功能，也越来越关注产品的风格特点和文化内涵。可以说，在新时代青年群体的带领下，中国的时尚消费开始朝着理性和成熟的方向发展。

社会文明发展到一定程度，人民对美和品质生活的追求愈加强烈。转型中的中国社会也越来越开放与包容。习近平同志在北京大学师生座谈会上的讲话指出，对于一个民族、一个国家来说，最持久、最深层的力量是全社会共同认可的核心价值观。青年的价值取向决定了未来整个

①　出生于 1980 年至 1995 年的中年轻一代，在中国约有 3.3 亿人。
②　出生于 1995 年以后的年轻一代，在中国 20 岁以上的约有 8000 万人。

社会的价值取向，当代中国青年应自觉践行社会主义核心价值观。历经三十多年的改革与发展，中国社会转型全面展开，人们的价值观也随之发生变化，青年群体的价值观也完成了由单一到多样、由传统到现代、由困惑到自觉、由解构到整合的转变。随着社会经济的不断发展，与社会主义市场经济相适应的价值体系也逐渐构建清晰，多样的青年价值观也从纷繁复杂的状态走向一元引导下的多样发展。

当越来越多年轻人开始将自我表达、社交归属、文化认同与穿着打扮挂钩，时尚消费不再只是简单的追逐潮流，它已成为了解"千禧一代"和"Z世代"如何看待历史进程与社会发展、以何种心态迎接未来的一种方式。从第一个法国奢侈品牌进入中国到如今中国成为全球最大的时尚消费市场，时尚消费的产生、兴起、繁荣和转变与我国的改革与发展在时间上几乎是同步的。中国青年群体的时尚消费行为体现出明显的文化价值观导向下的潜在市场群集特征，来自儒家文化和道家文化价值观的影响颇为显著，这也是中国时尚消费有别于西方时尚消费的根本驱动因素。从这个意义上说，青年群体的时尚消费行为变化见证了我国社会转型的整个过程，也必然从一个侧面体现该群体价值取向的变化。从文化视角解读中国青年群体的时尚消费行为是研究这一群体价值观变化的有效途径。

从2005年至今，笔者一直专注于从历史、文化和社会学角度研究不同人群的奢侈品消费行为。笔者的博士论文《永恒的奢侈，不朽的时尚——奢侈品消费的历史及文化解析》主要对奢侈的演变（从奢侈、奢侈品到时尚、品牌）进行历史梳理，并论证其发展与社会文化密不可分，同时用社会学方法寻找中法两国消费者在奢侈品消费上的差异，并从历史和文化的角度分析导致这些差异的原因。本书是笔者主持的教育部人文社会科学研究"中国青年群体奢侈品消费行为及价值观研究"（编号

17YJCZH149）项目的成果，主要运用社会学调查方法获取关于"千禧一代"和"Z 世代"群体时尚消费行为的第一手资料，从文化角度分析这些行为背后所体现的青年群体的时尚观、消费观和价值观，同时梳理近几年来各大时尚品牌的"年轻化"发展策略，从青年视角分析这些策略背后所体现的文化观。笔者始终认为，年轻人在追求物质改善的同时更应注重精神意义的追寻。以时尚消费为切入点，对当代中国青年群体的价值观进行深入研究，具有重大的现实意义。

2023 年 5 月于珞珈山

目　录

第一章

解读时尚

奢侈与时尚

放眼世界，没有哪一个国家像法国这样，与"奢侈"和"时尚"如此紧密地结合在一起。法国首都巴黎是公认的全球时尚之都，爱马仕（Hermès）、路易·威登（Louis Vuitton）、迪奥（Dior）、香奈儿（Chanel）等响当当的头部奢侈品牌都是"法国制造"。许多人心目中经典的时髦形象就是卡特琳娜·德纳芙（Catherine Deneuve）那样的法国女郎，金发微卷，妆容精致，身着细腰宽摆的长裙，踩着细细的高跟鞋，优雅地穿行于巴黎的大街小巷，所经之处，留下飘逸的身影和迷人的香水味。

时尚是什么？每当人们谈到时尚就会自然而然地联想到价格高昂的奢侈品，它是不是可以被理解为"少数人"的游戏？奢侈又是什么？看到奢侈品牌的门店里如集市般热闹，那么多人对奢侈品趋之若鹜，是不是意味着它们已经走下高高在上的伸展台，逐渐进入大众的寻常生活？法国是奢侈品产业最发达的国家，法国人的穿着打扮似乎天生就被贴上了"时尚"标签，他们是怎么理解"奢侈"和"时尚"的？

一般来说，奢侈是以"昂贵"为特征的生活方式，奢侈品则是用以营造这种生活方式的物品。提到奢侈品，人们的第一反应就是"买不起"。能买得起奢侈品的是占有较多社会财富的一小部分人，即通常意义上的"有钱人"。他们属于社会中的少数群体，其生活方式和所消费的物品往往被归入与众不同的一类，也就顺理成章变得"小众"起来。旧词典中对"奢侈"的定义是"一种通过大肆挥霍来显示典雅精致的生活方式"①。而根据现代词典中的解释，奢侈"是具有昂贵、精致、华丽的特征且由昂贵品营造的环境和考究的生活方式，是趋向于购买昂贵而非必要物品的乐趣，是拥有大量物品而显得自己与众不同或为了让自己有得说、有得做的乐趣"②。这些说法大多涉及价格、特殊、稀少、乐趣和欲望。购买奢侈品是"追求品牌所创造的激情及独有的体验方式，即超越时空，感受愉悦，营造过节体会和绽放的感觉，让它们产生共鸣或联系，使成年人重新体验童年的快乐"③。简单说来，就是通过高昂的花费，获得稀有精致的物品，营造考究的生活方式，感受自我的与众不同，达到身心的愉悦。

回顾历史，人类对奢侈的表述、讨论和研究大多是以伦理和道德为标准的。在人类历史发展的漫长过程中，有相当长一段时期，主流思想把奢侈等同于过度和虚荣，认为这种对虚假享乐的无止境追求会摧残身心，使人类远离自然和迷失本性，最终导致世风日下。早在古希腊时期，柏拉图、苏格拉底、亚里士多德等哲学大师就已经对奢侈严加谴责，认为"日常所需的过度挥霍越来越多地用在了衣服装束上，严重且嚣张地败坏了公共福利，颠覆了以财产地位、尊卑和职衔认可和规定人之归属的良好秩序"④。对奢侈的批判甚至逐渐上升到了政治的高度，各式各样的禁奢法应运而生：公元前 215 年的"欧庇亚法"禁止妇女使用

---

① 阿兰·雷伊，《法语历史词典》，第 2072 页。

② 《拉鲁斯大词典（5 卷版）》，第二册，1991 年，第 1902 页。

③ 吉尔·利波维茨基，埃丽亚特·胡，《永恒的奢侈——从圣物岁月到品牌时代》，谢强译，北京：中国人民大学出版社，2007 年，第 117 页。

④ 克里斯多夫·贝里，《奢侈的概念》，江红译，上海：上海世纪出版集团，2005 年，第 79 页。

奢侈品，规定任何女人不得拥有超过一盎司的黄金，不得穿着彩色长裙；公元前182年的"禁奢法"严格限制晚宴宾客的人数，公元前161年的"禁奢法"进一步限定了宴会开支款的数目；从17世纪20年代到18世纪初，法国相继发布了对宴席、帽子及服装的最后限令。①

直到18世纪，生产技术逐步成熟，贸易交流不断扩大，社会阶层明显分化，社会财富逐步累积，人们开始转换视角，重新审视"奢侈"的意义。"禁奢法"全面停止，对奢侈品的研究开始"去道德化"，渐渐出现对非生活必需品和财富的歌颂和礼赞。曼德维尔在《蜜蜂的预言》中说："奢侈，贵族的罪恶，可无数穷人藉此谋生。"②在他看来，追求舒适的生活无可厚非，富裕的社会比贫穷的社会更强大，财富积累源于贸易往来和科技发明，根本无法通过节俭来实现。孟德斯鸠在《波斯人信札》中提出，如果一个国家没有享乐和幻想，就会变成世界上最痛苦的地方。休谟认为，奢侈是"满足感官享受的极大的精美"，伏尔泰甚至断言"奢华之物不可少"。1776年，亚当·斯密在《国富论》中对商业时代的特点进行了详细的解读。他认为，商业时代解除了人与人之间的依附关系，人获得了更大的自由，这种自由推动社会的进步，使购买供个人享受的商品成为可能，也使财产所有者用富余的钱购买奢侈品成为可能。

进入19世纪，随着工业的发展和科技的进步，社会财富不断积累和丰富，出现了占有较多社会财富、对享乐有更高要求的"有闲阶级"，即中产阶级。凡勃伦在《有闲阶级论》一书中首次提出了"炫耀性消费"的概念。在他看来，"对贵重物品进行明显消费"是划分有闲阶级的重要准则，他们通过消费来炫耀自己的财富和能力，获得成就感，使自尊

---

① 张家平，《奢侈孕育品牌》，上海：学林出版社，2007年，第7页。
② 伯纳德·曼德维尔，《蜜蜂的寓言(第六版)》，1732年，第10页。

心得到满足。同时，由于有闲阶级在社会结构中处于主导地位，"其生活方式和价值标准就成了社会中博得荣誉的准则"①，遵守并力求接近这些标准，成为较低阶层的义务，即使达不到，至少在外貌上要做到这一点。例如，在路易十四统治时期，王室是品位的引领者和评判者，整个巴黎都陷入对宫廷穿衣风格的疯狂模仿。炫耀性消费所关注的主要是高昂的价格，其目的是通过消费能力显示拥有者的社会地位。奢侈品消费显然极大地满足了人们自我炫耀或向上展望的精神需求。法国奢侈品产业正是在此背景之下发展起来并很快就初具规模。1828 年，香水制造公司娇兰（Guerlain）成立，成为最早走上商业化发展道路的时尚先锋。随后的三十年间，马具制造商爱马仕（Hermès）、珠宝制造商卡地亚（Cartier）和皮箱制造商路易·威登（Louis Vuitton）先后在巴黎设店迎客，并且很快就将分店开设到欧洲大陆各个主要城市。手工技艺越来越受欢迎，手工制品的社会价值不断上升，奢侈品的品牌意识初步形成。

20 世纪下半叶，第二次世界大战结束，欧洲进入社会相对稳定、经济高速发展的时期。特别是 80 年代的法国，经济繁荣，个人收入猛增，追求社会地位的提升成为主流思潮，购买奢侈品是进入和归属中产阶层的最直接方式。在这一时期，奢侈品消费极度膨胀，奢侈品产业迅速壮大。以路易·威登为首的法国奢侈品牌逐步从家族经营转向集团化发展，"法国制造"的奢侈品从欧洲走向世界，法国奢侈品产业的霸主地位进一步巩固。80 年代后期，中产阶级成为奢侈品消费的重要人群，他们在消费过程中不仅关注价格，还更注重个人体验，强调个人感受。正是在这种个人主义和享乐主义消费观的影响下，奢侈品的设计开始将实用性和舒适性考虑在内。

从 90 年代到 20 世纪末，奢侈品消费进入新阶段。人们希望通过购

---

① 凡勃伦，《有闲阶级论》，蔡受百译，北京：商务印书馆，2004 年。

买奢侈品表现自我，分享激情，追寻生活的真实感和意义，在较小范围内分享共同的世界观和审美观。① 奢侈品不只是炫耀的资本，更是生活态度和个人品位的体现，其背后的历史感和文化价值远比真金白银重要。购买奢侈品的目的不再是炫耀金钱财富，而是满足自己的感官享受，表现个人的良好修养，倡导有品位的生活方式。在 21 世纪初发展并壮大起来的"波波族"（Bobos）②就是这种消费观念的典型代表。这是一群事业有成且收入丰厚的精英人士，具有强大的消费实力，追求有个性的品质生活，对以炫耀和取悦他人为目的的消费行为不屑一顾。他们购买奢侈品时看重的是独特的设计、优良的材质、精湛的工艺和自在的感受，主张"使商品的意义回归原本的使用价值，让奢侈品的精美内涵得到充分地品味"③。也正是在这十几年中，法国的奢侈品行业经历了巨大变革。传统家族企业的生存空间日益狭小，国际市场准入成本越来越高，许多品牌主动或被动放弃了独立经营，归属到大集团旗下或者直接被吞并，汇聚多个奢侈品牌的产业航母逐步成形。以路威酩轩集团（LVMH）和开云集团（Kering）为代表的行业巨头，坚持走以利润为导向的集团化发展道路，不断对旗下的品牌进行改造与整合。系列生产的工业思维逐渐占据主导地位，限量生产走向没落。越来越多奢侈品牌推出香水、化妆品、配饰、成衣等价格相对亲民的产品系列，力求吸引社会不同阶层中有消费欲望和消费能力的人群，满足多样的消费需求。奢侈品牌逐渐放低姿态，面向大众群体。以高级时装（Haute Couture）为例，2004 年，法国时装大师伊夫·圣罗兰（Yves Saint Laurent）宣布退出时尚

---

① 吉尔·利波维茨基，埃丽亚特·胡，《永恒的奢侈——从圣物岁月到品牌时代》，谢强译，北京：中国人民大学出版社，第 124 页。

② Bobos，由 Bourgeois 和 Bohemian 两个词合并而成，2000 年由美国记者大卫·布鲁克斯（David Brooks）在其发表的《天堂里的波波族》一文中首次提出。

③ 张家平，《奢侈孕育品牌》，上海：学林出版社，第 13 页。

圈，他所设计的圣罗兰高级定制系列因曲高和寡在激烈的市场竞争中败下阵来，前景岌岌可危。直到汤姆·福特(Tom Ford)接任创意总监的职位后，在设计上进行大刀阔斧的改革，针对市场需求适时推出成衣系列，品牌才渐渐走出危机。在产业发展的鼎盛时期，设计师处于绝对的主导地位，影响甚至决定富裕人群的时尚理念和消费偏好。"而现在，成衣系列已不那么彰显个性和巧于变化，而是更加迎合客户基本成形的期待和品位"①。

法国的奢侈品牌大多成立于19世纪中期到20世纪初，其发展过程与法国近现代社会的发展进程几乎同步。可以说，奢侈品产业见证了法国的近现代历史。工业革命、新旅行时代、女性解放、市场经济、全球化趋势，每一次重大的社会变革都使奢侈品行业发生翻天覆地的变化，而这些深刻的变化也对个人思想和社会风气产生深远的影响。

2004年，法国精品行业联合会(又名戈贝尔协会②)率领旗下七十余个成员品牌进入中国市场。该组织的负责人说："我们更愿意把奢侈品称为精品。精品行业是法国生活美学的全球形象代表。"将奢侈品定义为精品，这是一种颇具深意的表述。奢侈品往往与高昂的价格和华丽的外表直接相关，而精品更突出精良的品质、精湛的工艺和精致的设计，还从更深层次上体现厚重的历史和世代的传承。生活美学则是美的生活方式和生活之美。法国的奢侈品牌也正是通过对美的孜孜追求，描绘和展示美妙的生活，传达积极的生活态度和健康的生活理念。

以爱马仕(Hermès)为例。品牌创立于1837年，以制造和分销马具起家，标志是一辆由主人亲自驾驭的四轮马车，马童侍立于车旁。19世

---

① 吉尔·利波维茨基，埃丽亚特·胡，《永恒的奢侈——从圣物岁月到品牌时代》，谢强译，中国人民大学出版社，第43页。

② 戈贝尔协会成立于1954年，最初由15个商家组成。发展至今，成员品牌已经达到75个。

纪初，第三代接班人艾米-莫里斯·爱马仕（Emile-Maurice Hermès）在第二次世界大战期间远渡重洋到达美国，目睹了马车时代的终结和汽车工业的崛起，果断决定将主力产品从马具转向皮革包袋，同时保留传统的手工制作以延续一贯的品质与水准。时至今日，历经180余年，家族延续到第六代，爱马仕旗下的产品扩展到皮包、服装、鞋履、珠宝、配饰、香水、家居、餐具等十多个大类，成为全方位塑造品位生活的杰出代表。

爱马仕的包袋，集一流的制作工艺、耐久实用的性能和简洁优雅的设计于一身，不仅是身份地位的象征，更是永不落伍的时尚传奇。其中凯莉包（Sac Kelly）和柏金包（Sac Birkin）是迄今为止知名度最高、最受欢迎的款式。凯莉包诞生于1935年。美国好莱坞电影明星格蕾斯·凯莉（Grace Kelly）成为欧洲小国摩纳哥的王妃，她用这款皮包来遮掩怀孕后日渐隆起的小腹，以躲避媒体的镜头。在征得王室同意之后，这款皮包于1956年正式更名为凯莉包。柏金包诞生于1984年。时任总裁让·路易·杜马（Jean Louis Dumas）在某次飞机旅行途中偶遇法国著名女歌手简·柏金（Jane Birkin），后者提出想要一款做工精良又经久耐用的大提包。杜马很快就根据她的要求设计出一款全新的皮包，并贴心地以她的名字命名。王室效应和明星效应令凯莉包和柏金包大获成功，受到全球女性的疯狂追捧。而由于选料考究、工序复杂且坚持全手工制作，皮包的价格十分昂贵；加上制作周期长，产量极其有限，基本处于供不应求、有市无价的状态。即使不考虑价格，进入了等待名单（waiting list），也往往得等好几年。因此，能够拥有这两款皮包的人大多身份不一般。例如著名足球明星大卫·贝克汉姆的妻子、辣妹组合成员维多利亚，作为爱马仕的拥趸，她有一百多个不同尺寸、颜色和材质的柏金包，每次在公开场合亮相，这款包都是不可或缺的配饰。

　　如果说爱马仕的皮包依然坚守着奢侈品传统的高端阵地，那么爱马仕的丝巾则成就了普罗大众对品位生活的梦想。据统计，全世界每 38 秒就会卖出一条爱马仕丝巾。英国邮票上女王伊丽莎白二世系的丝巾就是它。从 1937 年名为"女士与巴士"的第一款丝巾诞生开始，爱马仕每年都会推出 12 款全新的设计，迄今已有一千多个款式。每一款丝巾都有专属的名字，从酝酿创意到推出市场，有收集资料、确定主题、设计草图、切割重组、绘制原稿、制版、配色、印刷、固色、缝制镶边整整十道工序。每一道工序都极为讲究，不允许有任何差错。小小一方丝巾，每一条背后都有一个故事，通过不同的主题设计，生动鲜活地描绘大千世界。在法国，丝巾是搭配服装不可或缺的单品，每一位成年女性至少拥有一两条。她们将丝巾系在颈项之间或缠绕在包袋手柄上，不同的色彩和花结搭配出千变万化的效果，展现独特鲜明的法式风情。以品质为原则，坚持法兰西式的轻松与优雅，在此基础上融入流行元素，与时俱进，正是爱马仕丝巾的魅力所在。

　　又比如大名鼎鼎的路易·威登（Louis Vuitton），也是一个历史悠久的家族品牌。关于这个以箱包制作起家的奢侈品牌，有两个流传甚广的故事。1911 年，号称"梦之船"的泰坦尼克号在北大西洋撞上冰川沉入海底。数年后，人们从沉船中打捞出一个路易·威登的硬质皮箱，箱子内部居然没有渗入一滴海水。另一个传说是，巴黎城中某富商家中失火，整所房子付之一炬，唯独有一只 LV Monogram Glace 硬箱，外表虽已熏黑变形，里面的物品却完好无损。

　　150 多年前，小工匠路易·威登（Louis Vuitton）怀揣梦想，从不知名的法国小镇来到繁华的巴黎。当时拿破仑三世皇帝刚刚登基，为平息各地战乱时常御驾亲征。同时，在工业革命的推动下欧洲的交通变得发达，皇后也开始担负外交责任，频繁出访。旅途的颠簸让皇帝夫妇所携带的华服满是褶皱甚至破坏受损，为此，路易·威登专门设计并亲手制作了一个立体式的帆布旅行箱，解决了皇室的出行问题。随后，他便受到皇后钦点，成为皇室御用的捆衣匠。到 19 世纪中期，法国的版图不断扩大，第二次工业革命带来了交通工具的革新，新旅行时代随之到来。1854 年，路易·威登辞去皇宫的职位，在巴黎开设了第一家箱包店，为更多人提供优质的旅行箱，解决他们旅行中物品收纳方面的困扰。箱包内部结构的设计十分独特，无论旅行环境多么恶劣，放在里面的衣物始终服帖。正因为在实现完美收纳的同时，还能营造舒心的旅行环境，创造舒适的旅行体验，路易·威登的箱包很快就受到皇室贵族和达官贵人的追捧，并迅速风靡欧洲乃至全世界。1896 年，路易·威登先生的儿子用父亲姓名的简写字母 L 与 V 配合花朵图案，设计出将交织的字母印上粗帆布（即 Monogram Canvas）的样式。从此，交叠的 LV字母、四瓣花形、钻石图案、Monogram 帆布成为路易·威登独一无二的身份标志，印有"LV"标志的帆布箱包，也因其传奇色彩和典雅的设计被奉为时尚经典。

　　一个半世纪过去了。路易·威登的产品从箱包延伸到丝巾、眼镜、皮带、手表、首饰甚至是服装，几乎涉及生活的方方面面，崇尚精致、品质与舒适的旅行哲学也世代传承下来。1987 年，路易·威登和酩悦（Moët Chandon①）公司，以及轩尼诗（Hennessy②）品牌，共同组成了路威酩轩（LVMH：Louis Vuitton Moët Chandon Hennessy）集团。两年后，贝尔诺家族开始掌控这个庞大的奢侈品集团。自身强大的品牌基础与集团资源整合的优势使路易·威登在时尚界的王者地位愈加稳固。1997

---

　　① Moët Chandon，酩悦香槟，创立于 1743 年，是法国最具国际知名度的香槟品牌。
　　② Hennessy，轩尼诗白兰地，1765 年创立于法国，是世界闻名的干邑制造商。

年，集团掌门人贝尔纳·阿尔诺（Bernard Arnault）把路易·威登的设计大权交给了年轻的天才设计师马克·雅各布（Marc Jacobs）。他将"时尚简约主义"与经典图案设计相结合，推出了以涂鸦、彩色、樱桃等为主题的系列产品，成功吸引了大批年轻的消费者。雅各布的到来，为路易·威登注入了新的活力，也使这个经典品牌百年来一直推崇的旅行哲学有了更广阔的受众。

与爱马仕的历史感和路易·威登的皇室背景不同，香奈儿（Chanel）以突破传统的风格闻名于世。从 1910 年在巴黎开设第一家女帽小店发展到今天成为时尚界举足轻重的头部品牌，香奈儿始终坚持从女性视角出发，不断地突破自我，不懈地追求身与心的自由和解放。

美国《时代》杂志曾把香奈儿品牌的创始人嘉柏丽尔·香奈儿（Gabrielle Chanel）女士列为 20 世纪最有影响力的人物之一，与戴高乐将军和画家毕加索齐名。她是突破传统的杰出代表，崇尚自由随意的搭配风格，努力将女性从传统服饰的包裹与束缚中解放出来。20 世纪上半叶，主流的设计风格大多延续传统，认为女性应该继续扮演纯粹装饰性的角色，女性的身体被紧紧束缚在狭窄、夸张、繁琐的服饰之中。而此时，女性的社会角色正在悄然发生变化，越来越多女性从家庭中走出来，成为职业女性。她们在经济上对男性的依赖程度逐步降低，独立性越来越高。正如香奈儿女士本人所说："我是在为一个新社会设计。过去，人们装扮的是没有能力、无所事事的女人，她们需要侍女挽着手臂。而我现在的顾客是职业女性，她们需要穿着自如的裙子，应该能够挽起袖子。"她摒弃了传统服饰设计中不符合穿着、行走、工作和运动等实际需求的成分，坚持实用与舒适的设计风格，强调服装应该服务于人。1926 年，香奈儿女士打造了著名的小黑裙。这是服装史上影响最为深远的设计之一——去掉传统的宽帽子、窄裙摆和极致的装饰，采用纯黑色调和宽松腰身，长度达到膝盖。这款裙子的设计简洁大气，搭配一条珍珠项链、一朵胸花或是一条腰带，就能呈现截然不同的风格。抛弃"五花大绑"式的束缚，推崇简单舒适的穿着感受，这样的设计理念在当时是具有颠覆性的，标志着女性服装的设计导向从取悦男性向展示自我转变。事实上，香奈儿女士的每一项设计，无论是水兵服、针织紧身衣、长袖羊毛开衫、粗花呢套装，还是贝雷帽、米色浅口鞋、鎏金链菱格纹手袋、山茶花胸花、双 C 字母扣，一经推出，无不引起巨大轰动。这些优雅精致且简洁实用的设计，带领女性走入个性解放的新时代。时至今日，双 C 标志、菱格纹、山茶花、黑白色依然是香奈儿品牌的标志性元素，出现在全系列的产品中，是香奈儿的灵魂。1983 年，卡尔·拉格菲尔德（Karl Lagerfeld）成为香奈儿的创意总监后，更是将这些经典元素运用得出神入化。他的设计在保持优雅随性风格的前提下增加了活泼与趣味，更具有现代感。他在上任后的第一场时装秀中大胆地将长裙裙摆剪破，搭配鲜艳夸张的假珠宝首饰，将原有的黑色、白色、米色等单一色调转变为绚丽的彩色，同时缩短裙长露出膝盖。1991 年，他用牛仔迷你裙来搭配传统的粗呢外套，还加上闪亮的双 C 纽扣和装饰链，大受年轻人欢迎。在他的带领下，香奈儿既保留了经典风范，又不断突破与创新，既端庄优雅，又热情奔放，既严谨精致，又浪漫诙谐。每一个女人在香奈儿的世界里都能找到适合自己的装扮，正如法国人常常挂在嘴边的那句话："当你找不到合适的服装时，就穿香奈儿。"

值得一提的还有传奇的 5 号香水。1921 年，香奈儿推出了第一款香水。容器采用了长方形透明玻璃瓶，名称则使用了创始人香奈儿女士的幸运数字"5"，取名为"香奈儿 5 号"（Chanel N°5）。这是全世界第一瓶公开亮出合成身份的香水。从花束中获得灵感精心调制的混合香、线条利落的玻璃香水瓶、白底黑字的简单标志，打破了传统的香水设计理念，呈现出令人过目不忘的简洁之美，将女性的勇敢与真实展露无疑。这款香水一经推出立即轰动整个时尚界，玛丽莲·梦露的那句"我夜里只穿香奈儿 5 号"更是令它享誉国际。直到今天，它依然是全世界最受欢迎的香水，成就了万千女性的魅力之梦。

　　所谓时尚，简单来说就是时间与崇尚的叠加，即一段时间内所崇尚的生活方式。而从时效性来看，这种说法并不确切。"一段时间内"有两层含义，即较短时间之内和相当长的时间之内。在较短时间内社会大众崇尚和效仿的是流行，但流行绝不等同于时尚。流行大多停留于简单模仿和盲目跟随，流行的东西多半是新奇的、突出个性的，从形成到消失的过程很短暂，也可能会来了又去，甚至周而复始。因此，只有在相当长的时间之内，由少数人发起和尝试且为大众所崇尚和效仿并广为流传的，才能被称为时尚。以时间和影响范围来定义时尚，很容易让人联想到"经典"一词。经典，不仅要经受时间考验而屹立不倒，还应对后世产生深远的影响。真正的时尚就是塑造经典。看看法国奢侈品牌的标志性作品，无论是爱马仕的柏金包和丝巾，还是香奈儿的粗呢套装和路易·威登的旅行箱，无一例外都经过了岁月的洗礼和历史的沉淀，都得到了大众的推崇和喜爱，堪称时尚经典。

　　"时"是时间的流动和历史的进程，"尚"是崇尚物质享受与精神享受，感受品质与美。时尚是一个包罗万象的概念，体现在穿着打扮、消费习惯和生活方式等个人及社会生活的各个领域，既包括衣、食、住、行，也包括情感表达和思维方式。根据巴黎时装学院教授布鲁诺·勒莫里的说法，"时尚"（fashion）源自法语"façon"一词，即从事有品位的工作，它是一种着装态度，能够通过服装的色彩搭配和款式组合反映穿衣者的品质与修养。真正的时尚，应该是从容地面对潮流，拨开表象去寻找本质和真谛，并在这一过程中感受心情上的愉悦，塑造良好的品位。

追求时尚能让生活更加美好。当我们真正把时尚作为生活态度和生活方式时，就能努力感受生活之美，主动创造美好生活。从这一点上看，时尚的本质与奢侈的内涵不谋而合。

由此可见，奢侈与时尚是相辅相成的。奢侈创造和表现美，时尚追求和发现美，将创造和发现结合起来，才是有品位的生活态度。法国的奢侈品牌正是将两者完美结合的典范，生动地展示和描绘了法式生活的美与品质。在这样一个崇尚美与品质的国度，女性拥有与生俱来的浪漫风情和世代沿袭的优雅品位，也就不难理解了。

20 世纪时尚发展解析

进入 20 世纪，奢侈与时尚相融合成为时代发展的显著标志。时尚产业集合了所有奢侈品牌，丰富多样的产品可满足社会各个阶层的不同需求。由于时尚更多地体现了女性对某种穿着和行为的赞同和模仿，从狭义上说，时尚产业就是与女性服饰密切相关的行业，其发展过程也具有明显的女性化特点。法国在时尚产业发展的整个过程中扮演了举足轻重的作用。从 20 世纪到今天，法国品牌一直是时尚的领导者，法国女性的穿着打扮带动了欧洲乃至整个世界的潮流。

1900 年至 1909 年：无衬裙

衬裙一直是西方传统女装的重要组成部分。狭窄的设计束缚了女性的身体，甚至对健康产生危害。20 世纪初，一些有远见的设计师开始抛弃衬裙，尝试创作更舒适、更易穿的款式。1906 年，保罗·布瓦雷（Paul Poiret）为妻子打造了世界上第一件无内衬裙装。他在设计中融入了穆斯林长袍、包头巾、日本和服等异域民族元素，使女性获得自由的穿着感受，行动也更加轻盈飘逸。1909 年，马里奥·福图尼（Mario Fortuny）创造了著名的"德尔斐裙"（la robe Delphos），丝质、褶皱、透明的设计堪称经典。雅克·杜塞(Jacques Doucet)用价值低廉的装饰材料设计出具有高级感的晚礼服,极大地满足了普通阶层年轻女性对时尚的追求。让娜·朗万(Jeanne Lauvin)率先为儿童设计时装,致力于将时尚推广到不同年龄层。查尔斯·弗雷德里克·沃什(Charles Frédéric Worth)则创造性地采用实体模特进行服装展示,并提出按季度对产品系列进行宣传,他本人也成为高级定制(Haute Couture)服装的创始人。

1910 年至 1919 年:身体解放

身体解放是这十年间思想运动的主题,女性身体解放成为时尚的风向标。正如让·卡斯塔雷德(Jean Castarède)所说,"抛弃中性色彩和单一色调,也就终结了女人的保守"①。女性开始追求多变的风格,时而纯洁如少女,神圣如圣母,时而野性诱惑,显露万种风情。爱德华·莫里涅(Edward Molyneux)创造了女士衬衣,将简洁的男装风格融入女装设计。让·巴度(Jean Patout)推崇以民间刺绣、多色印染为特点的"新艺术"风格,并设计出采用字母花色装饰的运动服装。马德莱娜·唯尔内(Madeleine Vionnet)则以对角剪裁、褶皱设计等独特手工技艺闻名于世。值得一提的是,女性前所未有地重视自身的形象,即使第一次世界大战期间不得不收敛风情,她们对美容与护肤的热爱也丝毫不减,美妆产业因此得以迅速发展。

1920 年至 1929 年:中性风

第一次世界大战之后,时尚行业的发展进入黄金期。女性在消费上

---

① 让·雅克·卢梭,《卢梭全集》第三卷,第 517 页。

的自由和愉悦逐渐抚平了战争的伤痛。假小子发型、短裙、防水睫毛膏大受欢迎，黑色成为美丽的代名词。为了将女性从传统着装的呆板拘谨中解脱出来，嘉柏丽尔·香奈儿（Gabrielle Chanel）从男士服装中汲取灵感，推出了诸多创新设计，如针织上衣、粗花呢套装、长袖开襟毛衫、水手裙、假珠宝配饰、女式长裤等。她的作品简洁雅致，丝毫不矫揉造作，将战争结束后法国人民获得自由的喜悦表达得淋漓尽致。1921 年，她推出了世界上第一款合成香水——香奈儿 5 号，其优雅馥郁的香味吸引了无数现代女性。1926 年，她用著名的小黑裙塑造出独立自由的新女性形象，这款线条简洁、材质轻盈的黑色短裙被公认是 20 世纪最伟大的创作之一。

1930 年至 1939 年：回归优雅

进入 30 年代，受 1929 年证券危机影响，时尚业发展逐渐陷入困境，美国客户大量流失。世界各国政治动荡，各方势力矛盾重重，冲突不断，最终导致 1939 年第二次世界大战爆发。在此十年间，中性风格遭弃，旧式的优雅重获青睐。苗条、精致、女人味再次成为衡量女性美的准则。"到 30 年代末，女装风格几乎整齐划一，即宽肩、窄裙和低跟鞋" ①，设计风格力求完美但全无新意。较为出彩的是艾尔莎·夏帕雷丽（Elsa Schiaparelli）创作的黑底白蝴蝶结套头毛衣，莲娜·丽姿（Nina Ricci）创作的亮色印花上装以及马萨尔·罗莎（Marcel Rochas）创作的灰色法兰绒便装连体裤。

---

① 让·卡斯塔雷德，《法国奢华史》，法国埃罗勒出版社（Eyrolles），2007年，第 282 页。

1940 年至 1949 年：向好莱坞致敬

法国在第二次世界大战中遭受了巨大打击，时尚产业发展几乎陷于停滞。然而，法国人在抵御外敌的同时依然坚定地表达自身的情感需求和对美的热爱。尽管被占领时期物资匮乏，各种法规极其严苛，设计师们仍然从好莱坞文化中汲取灵感，创作出柔美感性的着装风格，捍卫了法国一贯的时髦优雅形象。

1950 年至 1959 年：新风貌

第二次世界大战结束后，高级定制服装重获生机。人造纤维被广泛使用，服装制造进入大批量生产的新阶段，百货商店的出现为时尚产业打开了更广阔的发展渠道。来自不同社会阶层的女性都开始关注并效仿高级定制的设计风格。她们越来越注重整体搭配，围巾、帽子、腰带、手套、浅口皮鞋等配饰大行其道。这一时期出现了克里斯汀·迪奥（Christian Dior）、克里斯托巴尔·巴伦夏卡①（Cristobal Balenciaga）、皮埃尔·巴尔曼（Pierre Balmain）、于贝尔·德·纪梵希（Hubert de Givenchy）、路易·菲洛（Louis Féraud）等一大批独立设计师，他们的奇思妙想为行业的发展带来了深刻影响。迪奥的"新风貌"（New Look）系列以窄肩、束腰、凸显胸部的丰满为特点，打造出女性悠然华美的新形象，重新定义了战后的女装时尚。巴伦夏卡在裙子的轮廓与细节上做足功夫，创作了球状、蚕茧状、睡袋式、衬衣式等独具特色的裙装。巴尔曼偏爱刺绣装饰和淡紫、浅绿、微黄等柔和的色彩，擅长在衣领、滚边

---

① 奢侈品牌巴黎世家的创始人，此处为姓氏，音译为"巴伦夏卡"更恰当。

和腰带的设计中加入皮草元素。纪梵希为白色棉质上衣搭配轻薄的黑白纱袖，完美地诠释了贵族式的精致与优雅，也获得了好莱坞女明星奥黛丽·赫本（Audrey Hepburn）的青睐。而菲洛则用浓烈的色彩表达出鲜明的地中海风格，深受社会名流的喜爱，法国女明星碧姬·芭铎（Brigitte Bardot）便是其中之一。

1960 年至 1969 年：年轻一代与迷你裙

战后"生育高峰"的成效在 60 年代逐渐显现，年轻一代对时尚设计的影响达到前所未有的高度。这十年是新思想不断涌现的黄金时期，也是道德和权威逐渐垮掉的黑暗岁月。年轻人身着迷你裙的叛逆形象成为时代的标志，她们"追求少女般的纤瘦性感，以戏谑的方式表达女人味，衬裙、吊袜带和尖细的高跟鞋被文胸、羊毛裤和高筒靴所代替，但在妆容方面，浓妆艳抹却敌不过自然清新"①。这一时期出现了安德烈·库雷热（André Courrèges）、皮尔·卡丹（Pierre Cardin）、帕高·拉巴纳（Paco Rabanne）、伊曼纽尔·恩加罗（Emmanuel Ungaro）、纪·拉罗什②（Guy Laroche）等才华横溢的设计师，但天才的称号只属于伊夫·圣罗兰（Yves Saint Laurent）。从 60 年代初在巴黎开设第一家服装定制店起，圣罗兰就用连体裤、撒哈拉丛林装、透视裙、吸烟装等一系列创新设计震惊了整个时尚圈。

---

① 让·卡斯塔雷德，《法国奢华史》，法国埃罗勒出版社（Eyrolles），2007 年，第 288 页。

② 法国时尚品牌姬龙雪的创始人，此处为姓名，音译为"纪·拉罗什"更恰当。

1970 年至 1979 年：纯粹的雅致

从 70 年代开始，理想主义者试图追寻乌托邦式的梦想，努力践行平和友爱的生活哲学。女性将更多的精力投入到职业发展中，对外表的重视程度相对降低。她们追求"纯粹的雅致"，钟爱自然、整洁、精致的着装风格，希望拥有健康且充满魅力的身体。这十年间，时尚界人才辈出。蒂埃里·穆勒（Thierry Mugler）偏爱女神的形象，在设计中突出女性丰满的体态、圆润的手臂和纤细的腰身。有"时尚顽童"之称的让·保罗·高缇耶（Jean-Paul Gaultier）在其作品中对女性的特质提出强烈质疑，竭力挑战男女的性别界限。需要指出的是，这一时期的原创设计并非法国人的专利，活跃在欧洲时尚圈的日裔设计师也有亮眼的表现：高田贤三（Kenzo）为梦想环游世界的年轻人设计了色彩明快、风格独特的裙装，并在当中加入了多样的民俗元素；三宅一生（Issey Miyake）则用褶皱的合成面料和大胆的染色表达东方神韵。此外，英吉利海峡对岸的英国也深受法国时尚风潮的影响，出现了维维安·韦斯特伍德（Vivienne Westwood），约翰·加利亚诺（John Galliano），亚历山大·麦昆（Alexandre McQueen）、斯特拉·麦卡特尼（Stella McCartney）等风格鲜明的设计大师。

1980 年至 1989 年：自由风

在 80 年代的法国，嬉皮士在文化立场上游移不定，而大众对时尚的追求却显得理所当然。这一时期的潮流以"自由"为特点，一方面偏爱能展现女性姣好身材的设计，另一方面也不排斥朋克、摇滚、异域等非主流风格。对时尚行业而言，这是 20 世纪最好的十年，飞速的发展成就了克里斯汀·拉克鲁瓦（Christian Lacroix）和阿瑟丁·阿拉亚（Azzedine Alaïa）两位设计大师。拉克鲁瓦偏爱天鹅绒、丝绸、蕾丝、刺绣、褶边和小配饰，擅长运用繁复的色彩和多变的式样表现普罗旺斯式和巴洛克式的想象，抒发对法国南部及故乡西班牙的深情厚谊。阿拉亚则喜欢将性感表现到极致，强调用贴身剪裁凸显女性的玲珑曲线和柔美体态。值得一提的是，意大利时尚界最初只是模仿法国的创意和设计，但在这十年间涌现了古驰（Gucci）、阿玛尼（Giorgio Armani）、普拉达（Prada）、范思哲（Versace）等多位杰出的设计师，成为一股不可忽视的行业力量。

1990 年至 20 世纪末：复古与未来

20 世纪最后十年，时尚行业的发展速度相对放缓。女装风格大多中规中矩，几乎没有出现令人眼前一亮的设计。"复古风"（vintage①）来袭，怀旧风格受到欢迎。受一些国家的社会变革影响，东西方在意识形态上的差异被淡化，国家之间的对立与隔阂逐步减弱，取而代之的是对话与合作。时代的进步为时尚行业提供了更广阔的发展空间。西方的奢侈品牌逐步进入俄罗斯、东欧和以中国为代表的亚洲新兴国家，面对更广大的客户群体，迎来了新的发展机遇。

在这十年间，欧洲依然是时尚潮流的大本营，法国保持优势地位，意大利紧随其后。而大洋彼岸的美国，时尚产业在卡文·克莱（Calvin

---

① Vintage，复古风，又称"古着"，来自法语中"vendange"一词，意为"葡萄采摘、葡萄收获"，亦特指著名产地标明酿制年份的陈年佳酿葡萄酒。时尚界借用此词来形容年代久远但式样经典的服装或配饰。

Klein）、拉夫·劳伦（Ralph Lauren），唐纳·卡兰（Donna Karan）等年轻设计师的推动下迅速崛起。卡文·克莱在女装中加入了男装的设计元素，将男装的简洁硬朗与女装的丰富多变融为一体，打造出别样的性感。拉夫·劳伦创造了以"马球骑手"为标志的 Polo 系列服装，向"绅士品格"致敬。这种集翻领、针织、修身、运动等元素于一身的设计风格，将古典、浪漫和创新相融合，源自传统又贴近生活，流露出自由舒展和高贵内敛的气息。女设计师唐纳·卡兰则用设计感与舒适度完美统一的"女性便装"展现纽约作为国际大都市的活力与魅力。

进入 21 世纪，时尚产业对实用功能的重视程度逐渐减弱，取而代之的是消费者的喜好、生活态度和对自身形象的期待。在全球化大背景下，市场重新洗牌，品牌之间优胜劣汰，强强联合，产业发展走上集团化道路。迫于盈利和投资回报的压力，各大品牌每季推出的新品种类不断增加，产品迭代速度加快，潮流瞬息万变，转瞬即逝。与此同时，反对的声音也不绝于耳。"民众对过度消费的抗拒，集中表现为拒绝穿着带有明显品牌标志的服装"[1]，2001 年法国甚至出现了"反大牌标志"的风潮。此外，时尚与现代艺术走得越来越近，时尚品牌不仅以购买的方式直接参与艺术品投资，还积极与各种艺术家合作，将创新的美学观念和主题构思运用于服饰设计中。

---

[1]　迪迪埃·格朗巴什，《时尚简史》，法国 Regard 出版社，2008 年，第 17 页。

法国时尚产业发展趋势与运营策略

众所周知，法国是全球最大的奢侈品制造国，时尚产业是法国的支柱性产业之一，在国民经济中占有举足轻重的地位。19 世纪初，路易·威登（Louis Vuitton）、爱马仕（Hermès）、迪奥（Dior）、卡地亚（Cartier）等品牌先后在法国诞生，时尚产业发展已见雏形。经过两个多世纪，"法国制造"成为优良品质、精湛工艺、独特设计及深厚历史和文化底蕴的代名词。法国时尚产业成为当之无愧的行业领头羊，以合理的产业结构、成熟的市场、活跃的消费闻名于世。

进入 21 世纪，在经济全球化发展的大趋势下，市场竞争日益激烈，法国时尚产业发展面临诸多困难与挑战。下文拟以路威酩轩（LVMH）和开云（Kering）两大法国奢侈品集团、爱马仕（Hermès）和香奈儿（Chanel）两大法国独立奢侈品牌为例，研究新世纪法国时尚产业的发展趋势，并以中国市场为重点，探讨法国奢侈品牌的运营策略。

一、集团化发展与独立运营并存

20 世纪 90 年代，法国的奢侈品牌开始进行大规模的整合、并购与重组，时尚产业向集团化方向发展，形成了集合不同领域多个高端品牌的时尚产业航母。其中路威酩轩(LVMH)集团和开云(Kering)集团表现最为突出。

路威酩轩集团创立于 1987 年,以创始品牌酩悦(Moët Chandon)、轩尼诗(Hennessy)以及路易·威登(Louis Vuitton)联合命名。三十多年间,路威酩轩在掌门人贝尔纳·阿尔诺(Bernard Arnault)的带领下,致力于品牌持续发展和海外零售扩张,成为全球最大的奢侈品集团,业务涵盖葡萄酒及烈酒、时装与皮革制品、香水与化妆品、钟表与珠宝、精品零售五大领域,汇集了包括酩悦(Moët Chandon)、轩尼诗(Hennessy)、白马庄园(Château Cheval Blanc)、路易·威登(Louis Vuitton)、芬迪(Fendi)、罗意威(Loewe)、迪奥(Dior)、纪梵希(Givenchy)、思琳(Celine)、娇兰(Guerlain)、宝格丽(Bvlgari)、尚美巴黎(Chaumet)、丝芙兰(Sephora)在内的七十多个不同领域的高端品牌。2016 年,集团总销售额 376 亿欧元,在全球 70 个国家开设了 3948 家专营店,员工总数达到 134000 人。①

开云集团创立于 1963 年,由法国皮诺家族(Pinault)经营,主营木材业务,1999 年收购古驰集团(Gucci Groupe)后进入时尚行业,2012 年正式更名。经过二十多年的运营与拓展,开云已成为全球第三大奢侈品集团,在时装、皮具、珠宝及钟表方面表现突出,拥有古驰(Gucci)、葆蝶家(Bottega Veneta)、圣罗兰(Saint Laurent)、巴黎世家(Balenciaga)、亚历山大·麦昆(Alexander McQUEEN)、宝诗龙(Boucheron)等近 20 个高端品牌。2016 年,集团营业收入超过 124 亿欧元,旗下品牌在 120 多个国家和地区销售,全球员工总数超过 40000 人。②

---

① http://www.lvmh.fr/groupe/.(最后查询日期:2017 年 10 月 9 日)。
② http://www.kering.com/cns/who-we-are.(最后查询日期:2017 年 10 月 9 日)。

　　进入 21 世纪，经济全球化趋势日益明显，市场竞争十分激烈。奢侈品牌选择集团化发展道路，能更好地实现品牌间的强强联合与优势互补，也更有利于各类资源的整体调配与合理运用。然而，仍有一部分奢侈品牌不为所动，始终坚持独立运营并在竞争中立于不败之地，这当中的佼佼者当属爱马仕（Hermès）和香奈儿（Chanel）。

　　蒂埃利·爱马仕（Thierry Hermès）1837 年在法国巴黎开设了第一家高级马具专营店，创立了爱马仕品牌。一百八十年间，爱马仕在坚守传统手工制作工艺的同时不断地开拓创新，发展成为法国最成功的独立奢侈品牌，旗下产品包括服装、丝巾、皮革、马具、珠宝、配饰、香水、腕表、瓷器、生活艺术品、家居装饰、文仪用品等近 20 个种类。作为独立运营的上市公司，爱马仕的市场表现可圈可点。2016 年全球开设店铺 307 家，其中直营店 210 家，雇佣员工总数达到 12834 人。[1] 一直处于世界 BandZ 全球最具价值品牌 100 强，2017 年排名第 41 位，品牌价值达到 234.16 亿美元。[2]

　　香奈儿（Chanel）品牌创立于 1910 年，最初是嘉柏丽尔·香奈儿（Gabrielle Chanel）女士在法国巴黎开设的一家女式帽饰店。一百多年后，香奈儿成为法国最著名的奢侈品牌之一，简约、优雅、精致的品牌形象深入人心。旗下产品包括服装、珠宝、腕表、手袋、鞋履、配饰、化妆品、护肤品、香水等多种类型，几乎涵盖了生活的各个方面。与大多数法国奢侈品牌不同，香奈儿不属于任何一个奢侈品集团，品牌持有者维德摩尔（Wertheimer）家族极其低调，很少出现在公众视野中。作为独立运营的非上市公司，香奈儿并没有公开的企业财报，相关营收数据

　　① http://www.finance.hermes.com/en/Group-overview.（最后查询日期：2017 年 10 月 11 日）。

　　② http://www.millwardbrown.com/brandz/top-global-brands/2017.（最后查询日期：2017 年 10 月 14 日）。

无从考证。但据全球顶尖的凯度(Kantar)市场调研集团分析，2015 年其品牌价值已达到 89.9 亿美元。①

二、面向未来的经营模式

奢侈品集团和独立奢侈品牌的经营模式存在明显的差异。奢侈品集团在合作共赢的基础上保持各品牌一定程度的独立性，致力于实现可持续性的协同发展。

路威酩轩集团坚持采取积极增长的经营模式，以分散型组织结构、有机增长、垂直整合、创造协同效应、传承精湛工艺、经营业务和地理分布平衡六大支柱作为企业运营的基础。分散型的组织结构和运营原则，能确保旗下品牌的独立性，根据客户的需求快速作出行之有效的决策，同时充分调动员工的积极性。把有机增长放在首位，集中优势资源发展旗下品牌，并鼓励员工提出新创意和新思路。垂直整合，促进由上而下、由下而上双向高效运行，从而控制从采购、设施维护到高端零售等整个价值链中的各个环节。在集团内部资源共享，尊重旗下不同品牌的特色和自主性，创造智能协同效应，同时运用集团的整体力量，为各个品牌的发展提供助力。着眼于品牌的长远发展，保护品牌特色及产品品质，采取具有前瞻性的举措，将精湛的工艺世代相传。维持不同经营业务之间的动态平衡和均匀分布，随时做好准备应对各种变化与危机。正如集团掌门人贝尔纳·阿尔诺所说："立足于远景目标，以旗下品牌历史传承为基础，同时激发创意和追求卓越。这一模式促使集团大获成

---

① http://www.fr.kantar.com/.（最后查询日期：2017 年 10 月 14 日）。

功，并确保集团走向充满希望的未来。"①

开云集团采取的是"可持续发展"经营模式。这一核心理念贯穿集团运营的每一个环节，极大地提升了产品的质量，激发了品牌的创新与创造能力。为了降低产品在生产和消费过程中对环境造成的影响，开云开创性地推行了集团环境损益表（Environmental Profit & Loss），用以评估生产活动对环境的影响，鼓励旗下品牌开创更环保、更经济、更和谐的发展模式。此表用于检测运营整个供应链对环境所产生的影响，并将之量化成货币价值，从而得出环境损益。2015年，开云集团所有的运营活动和供应链全部实现了环境损益监测，并以此为依据提出了未来十年的可持续发展三大战略：关爱地球、关注气候变化、关心自然资源；加强包括员工、供货商、客户在内的行业整体合作；推动创新发展，传承传统工艺，培养年轻人才。集团主席弗朗索瓦-亨利·皮诺（François-Henri Pinault）表示："可持续发展可以重新定义业务价值并驱动集团在未来的成长。"②

而独立奢侈品牌则以品牌价值为核心，强调工艺的传承和理念的延续，并以此为基础不断创新，扩充产品种类，开拓市场。

爱马仕品牌历经180年，家族延续到第六代，一直秉承"至精至美"的宗旨，不遗余力地倡导精致华美的法式生活方式，是经典与创新完美结合的典范。坚持选用最上乘的材料，忠于传统的手工制作工艺，严守繁复的制作工序，打造出装饰精巧细致、质量无可挑剔的产品。同时，紧跟时代步伐，深入研究市场的需求与变化，积极探索新领域，扩展新

---

① http://www.lvmh.fr/groupe/identite/lentreprise-lvmh.（最后查询日期：2017年10月11日）。

② http://www.kering.com/cns/sustainability.（最后查询日期：2017年10月11日）。

业务，开发新产品。以凯莉包（Sac Kelly）和柏金包（Sac Birkin）为代表的皮具将顶级的工艺制作、耐久实用的性能与简洁优雅的设计融为一体。每年推出不同主题的丝巾，以品质为原则，坚持法式的轻松优雅并融入流行元素，与时俱进。2013年，宣布全面进入家居装饰领域，推出包括家具、室内装饰、墙纸等在内的系列家居产品。

"时尚易逝，风格永存"是香奈儿品牌创始人嘉柏丽尔·香奈儿（Gabrielle Chanel）的名言。突破传统、勇于创造、历久弥新的理念与风格也是该品牌一百多年来始终坚守的核心价值。香奈儿女士所设计的小黑裙、粗呢套装、水兵服、针织开衫、五号香水、2.55皮包等将女性从传统服饰的包裹与束缚中解放出来，创造了精致优雅、简洁实用、自由随性的时尚风格。她所运用的双C字母、菱格纹、山茶花、黑白配色等元素成为品牌的主要标志。传奇设计大师卡尔·拉格菲尔德（Karl Lagerfeld）执掌品牌三十多年，将经典元素与新的灵感创意完美结合，在保持一贯风格的同时力求推陈出新。在他的带领下，品牌不断地缩短皮包、香水、服装、鞋履等优势产品的更新周期，同时也积极探索珠宝、腕表、彩妆、护肤品等新领域。这些传承经典、勇于创新的产品深受消费者青睐，在市场上大获成功。

三、灵活多变，迎接挑战

奢侈品源于欧洲。在相当长的历史时期内，以法国为核心的欧洲是全球第一大奢侈品市场，与购买力惊人的美国和日本组成了时尚消费的传统强势阵营。然而进入新世纪，亚太地区，特别是以中国、俄罗斯、印度为首的金砖国家，成为时尚消费的新大陆。2010年，亚太地区超越欧洲，成为全球最大的时尚消费市场，其中中国市场的表现尤为突出。仅 2016 年中国国内的奢侈品销售额就达到 340 亿欧元，而中国消费者为海外市场贡献的购买力更是无法估计。目前，中国已经是全球最大的时尚消费国，占据了全球市场近 30% 的销售份额。

新的世纪，人类文明进入信息时代。电子商务的飞速发展给传统商业模式带来了巨大的冲击，不断涌现的新型通讯、信息传递工具及电子支付方式也为品牌营销提供了更多的可能性。尤其重要的是，奢侈品消费群体呈现出明显的年轻化趋势。1980 年至 1995 年出生的"千禧一代"（la génération Y①）勇于质疑和探索，追求自我表达和个性解放，他们"对奢侈品表现出前所未有的关注和热爱，是未来时尚行业的首要目标客户群"②。无论是奢侈品集团还是独立奢侈品牌，想要在激烈的市场竞争中立于不败，必须以积极主动的姿态探索创新发展之路。企业运营朝国际化方向发展是大势所趋，确保传统市场优势的同时，必须重视新兴市场的发展。传统的经营模式和营销策略不再具有竞争力，线上购物和网络营销是必争之地。抓住青年消费群体，才能把握时尚产业未来的发展方向。

从 20 世纪 90 年代起，法国两大奢侈品集团和主要的独立奢侈品牌开始向海外发展，逐步将品牌代理权收回，经营方式改为直营，在亚太、中东等国家和地区的主要城市开设直营店。新世纪第一个十年，各大品牌基本完成了在新兴市场的布局，并逐渐加大投入力度，深入了解市场状况，针对不同市场采取不同的运营策略。2013 年以后，由于中国政府加大反腐力度，不少奢侈品牌流失了相当一部分团体客户，销售增速放缓。以路威酩轩和开云为代表的奢侈品集团迅速作出反应，旗下

---

① "La génération Y"的说法最早来自英语"The generation why"，字母"Y"与"why"同音，也代表年轻人喜欢随身佩戴的耳机的形状。特指 1980 年至 1995 年之间出生，勇于质疑、个性独立的青年群体。

② Grégory Casper & Darkplanneur, *La Génération Y et le luxe*, Dunod, 2014, P. 9.

品牌纷纷调整产品结构和营销策略，如推行"去 logo 化"、签约中国代言人、在设计中添加中国元素、推出中国限量版产品、举办和赞助各类活动等，加大推广力度，促进个人购买行为，扩大客户群体。路威酩轩集团更是凭借强大的品牌资源，不断丰富产品种类，推动品牌间的跨界合作，使产品设计多样化，以满足不同性别、年龄、收入群体各方面的需求。而开云集团旗下的多个品牌相继宣布全面拒绝使用动物毛皮，积极迎合对可持续发展和伦理问题更为敏感的年轻一代消费人群。面对大集团协同合作所带来的重重压力，独立奢侈品牌选择了坚守品牌文化、优化购物体验、培育忠实客户群体的道路。爱马仕坚持执行预订等待和搭配销售，增加产品的购买难度，强调产品的优质、高端和稀缺性。香奈儿则秉承一贯的设计理念与风格，将经典元素巧妙运用到所有产品的设计当中，使产品具有明显的辨识度。

中国的互联网产业飞速发展，即时通讯、电子商务和电子支付十分发达，大众尤其是青年群体对网络购物的接受程度很高。到 2016 年，进入中国市场的法国奢侈品牌都建立了中文网站、官方微博账号和微信公众号，同时加大了在微信、微博、视频、直播、门户网站等社交媒体平台上的广告投入，与明星名人、知名博主、网络红人、微信大号等合作，开展形式多样的产品推广或线上购买活动。路威酩轩集团利用旗下的 DFS 免税店、丝芙兰（Sephora）、乐蓬马歇百货（Le Bon Marché）等精品综合零售品牌，打通线上与线下购买双通道，为消费者提供更灵活、更便捷的购物选择。2016 年，该集团高调宣布与中国电商巨头阿里巴巴集团合作，旗下美容品牌娇兰（Guerlain）和玫珂菲（Make up for ever）正式进驻天猫商城。独立奢侈品牌则着力打造精美的视频或网页，充分利用互联网的传播速度和广度，加深公众尤其是青年群体对品牌文化和内涵的认识。爱马仕精心设计了"爱马仕之翼"（Les ailes d'Hermès）主题网站，通过点击不同的图标，消费者可以直观地了解品牌的历史与风格、产品的工艺与特色、所倡导的生活方式。香奈儿在官方网站上开辟专区播放《香奈儿传奇故事》(*Inside Chanel*) 系列短片，通过 21 个章节全方位展现香奈儿的创作理念、不同时期的经典作品和传承百年的探索及创新精神。[①]

仿制品是令各大奢侈品牌最头疼的问题。随着互联网技术和电子商务的发展，仿制品的制作成本降低，销售渠道增多，监管难度加大，造假现象日益猖獗。路威酩轩集团旗下的路易·威登和开云集团旗下的古驰是制假售假者最钟爱的两个品牌，深受"盗版"之苦。早在 2013 年，路威酩轩集团就与阿里巴巴集团签订了谅解备忘录，共同打击在电商平台淘宝网和天猫商城上销售仿造品的行为。2017 年 7 月，开云集团与阿里巴巴集团及其关联企业蚂蚁金服宣布达成协议，成立专门的工作小组，互通信息并与执法部门合作，共同开展知识产权保护，追查伪造开云集团旗下品牌产品的行为，发起针对侵权者的联合行动。

由于关税、汇率、定价策略等诸多原因，奢侈品牌在不同国家和地区的价格存在差异。以法国奢侈品牌为例，同一种商品，欧洲价格最低，美国与日本稍高，中国内地最高。加之申根国家旅游购物可以退税，大批中国游客涌向欧洲购买奢侈品，还有大量留学人员和海外华人利用淘宝网、微博、微信等网络平台从事奢侈品代购业务。这种"消费外流"现象直接影响了品牌在中国市场的销售表现，国内店铺运营的成本压力增大，沦为"商品展示台"，同时也造成海外店铺秩序混乱，影响购物体验和品牌形象。2015 年初，香奈儿率先抛出了"全球协调定价"策略，下调部分产品在中国内地的售价，同时上调欧洲的售价，调

---

① Carmen Turki Kervella, *Le LUXE et les nouvelles technologies*, Maxima L. du Mesnil, 2016, P. 134-151.

价后两地价格差距不超过5%。调价策略的实施有效地抑制了海外代购，同时也促使更多中国顾客留在国内，走入实体门店，亲身感受品牌的魅力，体验精品购物的优质服务。在香奈儿的带动下，许多品牌都或明或暗地进行了一定程度的定价调整，不同地区间的价格差异明显缩小。而路易·威登、爱马仕等坚守原有定价策略的品牌，则着力把直营店打造成产品种类最丰富、尺码最齐全、购物体验最佳的门店，同时增加限量款式和专供产品，提供更完善的售后服务。

法国的时尚产业从诞生、发展到形成规模，历经两百余年，不仅创造出品质优良、工艺精湛、设计精巧的产品，更向世界展现出法兰西独特的民族精神、文化底蕴、审美观念及生活方式。进入新世纪，科技发展日新月异，国家之间的交流日益频繁，联系更加紧密，产业发展全球化是大势所趋。法国时尚产业在坚守品牌文化和工艺传承的基础上，主动迎接激烈的市场竞争，积极应对不断出现的新变化、新情况，焕发出新的活力。

新冠疫情下法国时尚产业发展现状

2020 年初，突如其来的新冠疫情令全球经济遭受重挫，各大经济体陷入前所未有的困境。为了控制疫情，大多数国家和地区采取了封闭隔离措施，旅游、餐饮、航空、零售等行业全面瘫痪。与这些消费性行业休戚相关的法国时尚产业深受其害，2019 年累积的强劲发展势头戛然而止，中短期规划被无情地打破。从第二季度开始，抗疫措施得力的中国率先走出疫情的阴影，启动经济"内循环"。由于疫情在全世界范围内仍未结束，大量境外奢侈品消费回流国内，加上国内居民消费在"解封"后出现井喷，中国一跃成为全球最大的时尚消费国。在中国消费者强大购买力的推动之下，法国各大奢侈品牌纷纷将重心转向中国，希望在逆境中探索发展之路。进入下半年，中国市场的强势表现并没有改变时尚产业发展的整体颓势。除中国以外，各国普遍采取较为宽松的防疫政策，疫情不断出现反复，欧洲各主要国家在第四季度再次进入封城状态，常客量的流失和外国游客的持续缺席让行业持续复苏的脚步放缓。具体来说，法国时尚产业的发展在这一年中呈现出三大特点。

一、产业资源加速向顶端汇聚，两级分化更加明显

从行业的整体发展来看，新冠疫情笼罩下的 2020 年，不确定性与

颠覆性并存，各大奢侈品牌在应对危机的同时也迎来了机遇。面对疫情，部分应对不力的中小品牌、独立品牌和设计师品牌在激烈的竞争中败下阵来，很快便销声匿迹。而大型奢侈品集团加快进行资源整合，剥离不良资产，低价并购优质品牌，进一步扩大了领先优势。时尚产业的组成结构从原有的"二八定律"进一步向"一九定律"迈进，产业资源加速向顶端汇聚，底端的中小品牌逐渐被淘汰，两极分化的趋势更加明显。

2020年，受新冠疫情影响，全球各大股市一片哀嚎，路威酩轩（LVMH）集团的股价却逆市上扬，累计上涨近29%，市值逼近2700亿欧元大关，行业霸主地位进一步得到巩固。独立品牌的领头羊爱马仕（Hermès）股价也一路飙升，累计涨幅超过31%，市值达到创记录的973亿欧元。相比之下，开云（Kering）集团的表现稍有逊色，股价累计下滑2.4%，市值在680亿欧元上下徘徊，但在疫情之下能保持如此稳定的业绩已属难得。

作为世界第一大奢侈品集团，路威酩轩集团一直采取积极增长的商业模式，整体运营以分散型组织结构、有机增长、垂直整合、创造协同效应、传承精湛工艺、经营业务和地理分布平衡六大支柱为基础。① 2020年，集团在继续巩固其头部品牌路易·威登（Louis Vuitton）和迪奥（Dior）的优势地位的同时，加强了对芬迪（Fendi）、纪梵希（Givenchy）、思琳（Celine）、罗意威（Loewe）等中部品牌的商业化运作。其2020财年年报显示：受疫情影响，集团全年实现营业收入446.51亿欧元，同比下降17%，净利润为47.02亿欧元，同比下降34%。销售额达到447亿欧元，但下半年下降趋势逐渐缓和，第四季度收入同比上年仅下降3%，

---

① https://www.lvmh.cn/集团/关于lvmh/lvmh企业模式/.（最后查询日期：2021年3月10日）。

路易·威登和迪奥所带领的时装皮具部门全年销售额仅下跌 3%，第四季度同比大涨 18%。① 本年度，集团完成了一件具有划时代意义的大事——成功并购了美国顶级珠宝品牌蒂芙尼（Tiffany&Co.）。早在 2019年底，双方已经就合作并购展开谈判。疫情期间，法方采取拖延战术，表现出摇摆不定的姿态，不断在谈判过程中压价，最终以 158 亿美元的价格达成交易。精明的法国人以疫情为筹码，完成了一笔相当划算的买卖，每股作价 131.5 美元，比最初的报价低 3.5 美元，最终节省了约 4.2 亿美元的并购费用。以珠宝和手表为代表的硬奢侈品领域一直是路威酩轩集团的短板。将蒂芙尼品牌收入囊中，不仅大大增强了集团的整体实力，还使其在相对薄弱的美国市场起点变高，站得更稳。此外，集团还在年末宣布暂停推出与美国著名歌手蕾哈娜联手打造的"实验性"奢侈品牌 Fenty。该品牌创立于 2019 年，其产品主要通过快闪店和官网进行销售。疫情的发生让快闪店模式无法正常推进，缺少品牌根基仅依靠名人效应也无法在线上吸引真正有实力的消费者。面对糟糕的业绩和不佳的市场口碑，决策层果断决定停止项目运营，避免无止境的人力投入和资金投入，实现及时止损。

另一个行业巨头开云集团则坚持"关爱、合作与创新"的发展方向，"直面现代、大胆的奢侈品愿景，拥抱创意，聚焦增长"，②以颠覆传统的产业体系为目标，继续强化可持续发展的宏观战略，积极探索新的商业运营模式。2020 年，集团发布了《可持续发展进展报告》，提出了生物多样性发展战略。该战略分为避免、减少、恢复和再生及转变四个阶段，目标是遏制生物多样性的丧失，恢复生态系统结构及物种，促进集

---

① https://www.lvmh.cn/investors/investors-and-analysts/publications/? publications=29. （最后查询日期：2021 年 3 月 10 日）。

② https://www.kering.com/cn/sustainability/our-strategy/.（最后查询日期：2021 年 3 月 12 日）。

团供应链以外的系统性改革。① 疫情之下，为减少实体零售店铺被迫关停所带来的冲击，集团旗下的主要品牌古驰、葆蝶家、巴黎世家均采取了以线上展示为主的新品发布形式，打破了地域和场地限制，在稳固传统客户群体的基础上吸引了更多年轻消费者。然而，相比于路威酩轩集团的激进作风，开云集团的一系列动作并没有明显的突破，效果自然不尽如人意。其 2020 财年年报显示：集团全年销售额下滑 17.6%，跌至 126.77 亿欧元，净利润下降 6.9%，核心品牌古驰销售额下降 22.7%，圣罗兰下降 14.9%，包括巴黎世家、亚历山大·麦昆在内的中部品牌，整体销售下降 10.1%。作为集团的火车头，古驰本年度的业绩可谓"惨淡"，即使在整个行业逐渐复苏的下半年，第三季度销售额仍同比下滑 8.9%，第四季度更是高达 10.3%，全年营业利润大跌 33.8%。唯一例外的是葆蝶家，依靠第四季度的优秀表现，最终获得全年 3.7% 的销售增长，成为开云集团 2020 年唯一正向增长的品牌，大有取代古驰成为头部品牌之势。②

而顶级独立品牌爱马仕则交出了一份令人羡慕的成绩单。作为家族企业，爱马仕始终坚守手工技艺和人文价值观，推动创作的自由，追寻精美材质，传承精湛技术，打造实用、优雅、经得起考验的物件。③ 疫情之下，深厚的品牌根基成为爱马仕立于不败之地的法宝。其 2020 财年年报显示：全年总销售额 64 亿欧元，仅同比下跌 6%。虽然上半年受到疫情的冲击业绩大幅下跌，但下半年呈现明显好转的趋势，第四季度销售额同比增长高达 16%。其中，皮具和马具销售额仅同比下跌 5%，

———————————

① https://www.kering.com/cn/sustainability/our-approach/historic-commitment/? page=6.（最后查询日期：2021 年 3 月 12 日）。

② https://www.kering.com/cn/finance/.（最后查询日期：2021 年 3 月 12 日）。

③ https://www.hermes.cn/cn/zh/story/272462-contemporary-artisans-since-1837/.（最后查询日期：2021 年 3 月 15 日）。

但在第四季度同比增长18%；成衣及配饰下跌9%，但在第四季度增长12%；手表下跌2%，但在第四季度大涨28%。值得一提的是，受益于疫情居家隔离产生的旺盛需求，珠宝首饰及生活家居产品全年销售总额逆势增长24%，第四季度更是暴涨56%。① 疫情期间线上业务的迅速发展和下半年亚洲市场奢侈品消费需求的强劲复苏，在很大程度上抵消了因疫情封锁导致的国际旅游业停摆及传统零售市场萎缩带来的损失。此外，本地客户极高的忠诚度也为疫情缓解之后销售额稳步回升提供了重要保障。

二、聚焦中国市场，得中国者得天下

持续一整年的新冠疫情大大阻碍了法国时尚产业自2015年起连续五年持续增长的发展势头。无论是实力强大的奢侈品集团还是独立的奢侈品牌，都在疫情中遭受了巨大的损失。然而从四月份开始，采取严格抗疫措施的中国率先从疫情中恢复，中国消费者惊人的消费需求和强大的购买力重新为市场注入活力。在中国市场的推动下，各大品牌逐渐走出困境，年底甚至迎来了销售额的大幅增长。路威酩轩集团的皮具时装销售全年仅下跌3%，第四季度更是大涨18%。② 开云集团的头部品牌古驰虽然全年销售额同比下滑22.7%，但第四季度亚太地区增长达到8%，而葆蝶家则凭借在中国市场的优异表现异军突起，全年销售额同比增长3.7%，第四季度涨幅达到15.7%。③ 得益于中国内地市场的强

---

① https://finance.hermes.com/en/key-figures.（最后查询日期：2021年3月15日）。

② https://www.lvmh.cn/investors/investors-and-analysts/publications/？publications=29.（最后查询日期：2021年3月10日）。

③ https://www.kering.com/cn/finance/.（最后查询日期：2021年3月12日）。

劲反弹，爱马仕下半年的业绩迅速回升，第四季度销售总额同比增长12.3%，除日本以外的亚太市场全年收入增长14%，第四季度的涨幅高达47%。①

大量事实和数据表明，从疫情得到有效控制的第二季度开始，中国市场的奢侈品销售业绩便一骑绝尘，将欧洲、日本、北美等传统优势市场远远甩在身后。据 CCTV 财经频道报道，2020 年全球个人奢侈品市场交易额同比大跌 23%，而中国市场却一枝独秀，个人奢侈品交易额大涨48%，达到创纪录的 3460 亿元，与 2019 年 26% 的增幅相比几乎翻了一倍，中国市场在全球奢侈品市场的整体份额也由 2019 年的 11% 增长到20%。投行杰富瑞的研究报告显示，疫情发生以来，大批海外奢侈品消费者回流到中国国内，原本占据欧洲市场近一半份额的中国游客购买量几乎全数转回国内市场，2020 年中国消费者在本土市场的奢侈品消费在全球奢侈品消费中的占比从 2019 年的 39% 激增到 80%，带动多个奢侈品牌的境内消费出现两位数甚至三位数的增长。贝恩咨询公司的研究报告则指出，2020 年，新冠疫情导致全球奢侈品市场萎缩，而在中国，消费回流、"千禧一代"和"Z 世代"购物者、数字化发展以及海南离岛免税购物四大引擎推动时尚消费市场迅速回暖并正向增长。② 疫情之下，聚焦中国是时尚产业走出逆境并恢复增长的唯一出路，中国市场是各大奢侈品牌的必争之地，得中国者得天下。

事实上，疫情发生之前，全球时尚产业发展的战略重心就已经向中国转移，法国主流奢侈品牌大多已经在中国市场完成了销售渠道的全方位布局，线下门店基本覆盖所有一线城市和大部分二线城市，线上则基

---

① https://finance.hermes.com/en/key-figures.（最后查询日期：2021 年 3 月 18日）。

② https://www.bain.cn/news_info.php? id = 1253.（最后查询日期：2021 年 3月 20 日）。

本完成了官方网站的建设，同时也入驻了微信、微博、小红书等主要社交媒体平台。2020年第一季度，由于疫情爆发，各大品牌大量关闭门店，开设新店的计划被迫搁置，虽很快将营销重心转移到线上，但销售成绩并不理想。然而，从疫情得到有效控制的第二季度开始，经济形势向好，市场迅速回暖，消费者的购买需求出现井喷。各大品牌的线下门店销售额直线上升，新店扩张的速度随之加快，有些品牌加大力度在二线城市布点，有些品牌则选择在一线城市开设第二家甚至第三家门店。仅四月份，路易·威登线下门店的销售额就比上年同期增长近50%，爱马仕在广州的旗舰店开业首日销售额达1900万元，创品牌单日销售的最高记录。在年轻一代消费者强大购买力的推动下，线上渠道的销售量也大幅上升，无论是品牌官网还是主要电商平台，销售额都比上年同期有较大幅度的增长。下半年，中国国内疫情基本结束，而国外疫情仍不断反复，"拉动内需，加强内循环"成为中国经济发展的重心。为扩大消费群体并最大程度吸引潜在消费者，以路易·威登、香奈儿、爱马仕为代表的法国主要奢侈品牌都积极推进线上线下联动的营销策略。线下举办珠宝展、时装秀、新品发布会；线上通过社交平台同步直播，并由官方网站、电商平台和线下门店同步发售。利用先进的数字化技术在线上进行多种形式的产品宣传，然后引流到实体；线下则采用沉浸式门店、快闪店、生活方式门店等方式提升购物体验。多渠道联动式的营销策略为各大奢侈品牌带来了线上与线下销售收入双丰收，下半年尤其是第四季度的快速增长彻底扭转了年初疫情所导致的不利局面，为整个奢侈品产业加快恢复发展奠定了坚实的基础。

　　值得注意的是，各大奢侈品牌在中国市场的良好表现还应归功于其特有的涨价机制。以各大品牌的手袋定价为例，2020年，香奈儿Classic Flap手袋和经典2.55手袋定价均突破5万元，涨幅高达35%，路易·威登全年经过了四轮涨价，以热门款 ONTHEGO 为代表的万元级别手袋大多突破 2 万元。经过数轮调价之后，迪奥全线手袋定价都超过 2 万元，热门款小号马鞍包价格已接近 3 万元。价格不断上涨让中国消费者产生了"早买早享受，不买还会涨"的心理，缩短了从观望考虑到决定购买所需的时间，间接鼓励了及时享乐式的消费行为。此外，产品在中国以外市场的定价越来越高，使得不同区域价格差距进一步缩小，不仅打击了海外代购的乱象，成功地将购买力留在国内，也减少了疫情过后客户流失的风险。

三、线上销售收入激增，数字化趋势不可逆转

2020 年 2 月底，巴黎秋冬时装周如期举行。疫情的爆发导致买手、媒体人、明星、意见领袖、大客户等无法来到时装周现场，自主隔离政策更令来自中国的参观者显著减少。各大奢侈品牌不得不将宣传活动转移到线上，借助数字化技术打破距离限制，疏通选品订货流程。路威酩轩集团通过微信小程序现场直播了旗下多个奢侈品牌的时装秀，仅中部品牌思琳的直播就吸引了近 200 万人观看，头部品牌路易·威登的品牌大使和迪奥的创意总监都在直播前通过视频表达对中国抗疫的支持。开云集团通过官方网站、Instagram、YouTube、Twitter 和微博全程直播其头部品牌古驰的时装秀，同时还开发了数字展厅详细展示作品的细节。香奈儿则史上首次与社交平台合作，实况直播秋冬高级成衣系列大秀，同时以视频对话的形式与买手进行线上沟通，发送大量产品细节图片供买手参考选货。

2020 年 7 月，疫情的反复给巴黎高定时装周和巴黎男装周的举办带来重重困难。法国高级定制和时尚联合会与市场营销和数据分析平台

Launchmetrics 合作开发了两个全新的数字平台，为时装周提供全面的线上支持。所有参展品牌均可在数字平台上以创意短片的方式对系列作品进行展示，还可以在专属的"云空间"展示附加内容，时间安排与线下传统活动同步。独立品牌爱马仕和香奈儿，路威酩轩集团旗下的迪奥、纪梵希、芬迪等品牌均参与其中。爱马仕借助艺术电影《秀场之外》（Hors Champs）发布夏季男装系列，通过模特的视角向观众展示时装秀台前幕后的工作人员密切配合的忙碌场景。迪奥则在十五分钟的电影短片《迪奥的传说》（Le Mythe Dior）中用精美的高定服饰装扮栖息在童话森林中的精灵生物，打造出超现实主义的梦幻场景。

从销售方面来看，路威酩轩集团旗下以路易·威登和迪奥为代表的头部品牌在疫情发生前就已基本完成数字化渠道的布局，当传统零售渠道因疫情被迫关闭，相关品牌的线上渠道迅速铺开，销售额直线上涨。疫情之初，集团就开始积极为中部品牌开拓线上渠道，如思琳和 Marc Jacob 在全球多个国家建立官方购物平台，并不断在各大网络社交媒体增加曝光度。2020 年，集团旗下几乎所有品牌的线上销售都呈现出快速增长的态势。开云集团在疫情期间不仅进一步完善头部品牌古驰的线上布局，还积极拓展圣罗兰、葆蝶家等中部品牌的线上销售渠道，运用多种推广手段扩大品牌的知名度，吸引年轻一代的消费人群。虽然在疫情的影响下整体销售下滑，但集团在线上销售方面的投入得到了丰厚的回报，全年电子商务销售额同比增长 67.5%，其核心品牌古驰全年在线销售额大涨近 70%，圣罗兰甚至达到惊人的 80%。爱马仕的表现更加可圈可点。作为家族运营的独立品牌，爱马仕凭借深厚的文化底蕴和良好的口碑获得了极高的客户忠诚度。疫情期间，品牌迅速在全世界多个国家和地区的官网设立在线购物服务，大批本地忠实客户转战线上，在很大程度上抵消了传统门店停摆导致的损失。2020 年，品牌在几乎所有地区的电子商务销售额都增长了 100% 甚至更高，官方网站的销售收入超过所有传统门店，成为名副其实的"旗舰店"。

而在中国市场，电子商务蓬勃发展，数字化技术日新月异，更习惯电子支付和线上购物的"千禧一代"和"Z 世代"逐渐成为时尚消费的主力军。微信与微博仍然是各大奢侈品牌首选的数字化内容运营平台，通过公众号和企业认证号发布产品信息，进行直播与在线互动，利用小程序设置垂直购买通道等是最主要的营销手段。为了在更大范围内吸引潜在的消费人群，许多品牌开始尝试布局其他具有更强社交属性的网络平台，路易·威登率先入驻小红书并通过直播发布春季新品，迪奥则成为入驻抖音和哔哩哔哩的首个高奢品牌。而在线上销售渠道方面，除了各个品牌的官方网站之外，阿里巴巴集团旗下的天猫国际成为最重要的销售平台。疫情期间，路威酩轩集团旗下的迪奥、高田贤三（Kenzo）等品牌纷纷在天猫上开设旗舰店，均取得了不俗的销售成绩。2020 年底，开云集团旗下的头部品牌古驰与阿里巴巴集团达成战略合作，以天猫国际为平台，发售包括皮具、鞋履、成衣、配饰、首饰、美妆在内的全品类商品。就连高高在上的爱马仕也向天猫伸出了橄榄枝，首次开设香水旗舰店试水综合电商平台。在各大奢侈品牌全面实行数字化战略的 2020 年，数字化平台不仅是展示渠道和销售渠道，更是提升品牌形象、增加产品辨识度、吸引潜在客户的互动平台。品牌借助数字化平台，打破距离和场地的限制，以多样的互动方式，将追求精致、品质和细节的理念传达给消费者，使品牌文化深入人心，在提升销售量的同时培养具有一定忠诚度的客户群体，最终实现中长期的持续增长。

2020 年注定是不平凡的一年。年初爆发新冠疫情使法国时尚产业陷入始料未及的危机，处境极为艰难。在路威酩轩和开云两大奢侈品集团的带领之下，各大奢侈品牌迅速调整运营策略，积极探索全渠道营销模式，充分利用率先走出疫情的中国市场，走出了一条逆风前行的发展之路。

第二章

青年群体的时尚观

全球青年群体行为与心理洞察

德勤咨询公司连续十年发布专项调研报告，对青年群体在不断变化的社会中所表现出的个体行为和心理状态进行追踪式研究。尽管生活发生了巨大的变化，但全球的"千禧一代"和"Z世代"依然保持笃定的价值观。

《2018千禧一代年度调研报告》指出，在全球范围内，"千禧一代"和"Z世代"对企业的信任度严重下降，对工业4.0时代的到来感到措手不及。① 他们对企业的责任感和道德规范心存怀疑，认为企业应该发挥积极作用，为社会和环境带来正面的影响，企业的优先事项是创新和创造。他们的忠诚度较低，大多有离职的想法或打算。相比于薪资，他们更看重企业的容忍度、包容性和多元化。他们意识到工业4.0正在颠覆既往的工作模式，担忧自己的工作会局部甚至全部被取代，希望得到更广泛的指导，以获得应对未来所需的各项技能。中国的"千禧一代"和"Z世代"也认为企业应当打破自身利益的局限，承担社会责任。但在工业4.0问题上，中国的年轻人更为乐观。他们看好未来的前景，认为技

---

① https://www2. deloitte. com/cn/zh/pages/about-deloitte/articles/pr-deloitte-global-survey-millennials-2018.html.（最后查询日期：2020年8月10日）。

术进步将对工作起到支持作用，而不是造成颠覆性的破坏。

《2019 千禧一代年度调研报告》指出，"千禧一代"和"Z 世代"是"变动中的一代"，在加速转型的世界中成长，对未来感到忧虑。① 他们普遍不信任传统媒体，对宏观经济和所处的生活环境十分担忧，认为收入不均和资源流动性不足导致资源分配不公和社会环境不稳定。他们对缺少社会责任感的企业持负面态度，青睐与自己的价值理念一致的企业，会以实际行动支持企业对社会作出积极贡献。他们对新技术的接受程度较高，擅长使用社交媒体，热衷于更新数字设备，但承认网络安全问题相当严重。中国的"千禧一代"和"Z 世代"有很强的进取心，他们想要通过高收入获得富足的生活，对美好的事物满怀期待，渴望从工作中获得满足感，也希望能为社会带来积极的影响。

《2020 千禧一代年度研究报告》是在新冠疫情发生前和疫情全面爆发后经过两次调研完成的，其结果显示，"千禧一代"和"Z 世代"的压力和焦虑主要来自工作和职业前景，新冠疫情造成了多方面的影响。② 年轻人群的压力和焦虑程度显著高于疫情前，这一点在"Z 世代"身上尤为明显，"千禧一代"也承认压力过大是休假的主要原因之一。他们敢于向外界袒露自己的心理问题，希望在心理健康方面获得更多的支持。相比于其他地区的同龄人，中国的"千禧一代"和"Z 世代"在就业和收入状况等方面因疫情受到的影响相对更低，总体上对未来的发展形势保持乐观，但他们仍希望能找到合理的方式缓解压力，实现工作与生活的平衡。

《2021 千禧一代与 Z 世代调研报告》指出，"千禧一代"和"Z 世代"

---

① https://www2. deloitte. com/cn/zh/pages/about-deloitte/articles/2019-millennial-survey.html. (最后查询日期：2020 年 8 月 12 日)。

② https://www2. deloitte. com/cn/zh/pages/about-deloitte/articles/staff-wellbeing-becomes-critical-business-issue.html. (最后查询日期：2022 年 1 月 10 日)。

身处充满不确定性的时代，他们努力以身作则，促使各方为急需解决的社会问题承担责任，推动社会变革，建立更平等、更安全、可持续发展的世界。报告显示，年轻群体积极投身于更有意义的社会行动中，如提高政治参与度、选择与价值观相匹配的消费方式和职业等，同时也期望政府和企业加大投入力度，推动实现目标愿景，创造更美好的未来。①对年轻人而言，气候变化和环境保护依然是最值得关切的问题，医疗、健康和失业问题成为新的关注点，歧视和不平等现象也令人担忧。

具体来说有五点。第一，他们认为新冠疫情过后更应采取切实的行动应对环境和气候问题。提升回收利用效率、使用公共交通工具、改变饮食和购物习惯等都是正确的做法。他们主张选择与自己的价值观相匹配的消费方式，品牌对环境的重视程度会直接影响他们的购买决定。第二，他们认为社会中的歧视现象较为普遍。不少人表示曾因身份背景、社会地位、性别或年龄差异等受到不同程度的歧视。只有政府机构、企业和个人都意识到问题的严重性，自上而下行动起来，才有可能从根本上改变现状。所以他们积极主动，从我做起，利用信息网络和社交平台分享信息，支持改革派的政治家，抵制在歧视问题上违背自身价值观的企业和品牌，希望用自己的行动来影响和带动他人。第三，他们依然在职场中感受到较大的压力。财务状况、家庭福利和工作前景是导致压力的主要因素，而疫情使情况更加严重。不少人表示不愿意承认自己的压力和焦虑，希望政府相关机构和企业相关部门能提供必要的心理健康支持。第四，他们对经济环境和自身的经济状况十分担忧。很多人认为整个社会的财富收入分配不均，贫富差距扩大。疫情加剧了未来的不确定性，使他们不得不重新评估财务状况并调整财务目标和消费计划。第

---

① https://www2.deloitte.com/cn/zh/pages/about-deloitte/articles/millennialsurvey-2021.html.（最后查询日期：2022 年 1 月 10 日）。

五，他们对企业社会影响力的认可度降低，对工作的忠诚度也随之下降。越来越多年轻人认为企业对社会的积极影响持续减少，他们寻找机会离职，希望依据自己的道德准则选择合适的工作岗位。

与其他地区的同龄人相比，中国的"千禧一代"和"Z世代"表现得更乐观。他们在经历了疫情之后反而更富有同情心，更愿意以积极的态度去面对问题。他们对解决歧视问题充满信心，强调政府、教育体系和法律制度的主导作用，大部分人认为情况正朝着积极的方向转变。他们承认疫情发生后压力大幅增加，但多数人表示政府和企业在此期间所采取的心理健康支持举措颇有成效。在他们看来，企业高管与普通员工的收入差距确实有扩大的趋势，但总体而言财富不均的情况好于其他国家。他们坚持以价值观为导向，勇于将想法付诸行动，努力为推动企业承担责任、促进社会发展贡献力量。

《2022千禧一代和Z世代调研报告》显示，"千禧一代"和"Z世代"密切关注外部的各种变化，疲于应对各种挑战，希望获得支持并看到切实的改变。① 生活成本上升、极端气候现象、财富分配不均、地缘冲突和局部战争、新冠疫情蔓延都吸引着他们的注意力，职场高压、收入下降、生活失衡也是他们必须面对的问题。各种冲击与不确定性促使他们重新审视自己。他们希望企业能在提高薪资待遇、提升工作效率和灵活性、增强幸福感等方面继续优化，同时也期待社会各方加大力度支持气候行动，推动环境的可持续发展。

具体来说有四点。第一，生活成本是他们关注的首要问题。由于通货膨胀导致生活成本不断上升，他们对个人财务状况十分担忧，对社会层面的财富分配不均也相当敏感。大部分年轻人是靠薪水生活的"月光

---

① https://www2.deloitte.com/cn/zh/pages/about-deloitte/articles/genzmillennial-survey.html.（最后查询日期：2023年2月2日）。

族",他们担心自己入不敷出,对安稳退休也缺乏信心。为了缓解经济压力,许多人在本职工作之外还从事另一份甚至多份兼职工作,有的通过远程办公或资源共享来提升收入,有的甚至选择搬到生活成本较低的地方。第二,他们在"离职潮"中掌握主动。许多年轻人有离职的打算,主要原因包括薪酬较低、心理健康问题和过度劳累。有些人会因为价值观冲突而拒绝某项任务安排甚至放弃现有职位。他们在选择新工作时会重点考量是否能够平衡工作与生活、是否具有职业发展前景。混合办公或远程办公等更灵活的工作方式和时间安排受到欢迎。他们十分看重雇主对社会与环境的影响力,期待企业能在提升多元化和文化包容性上作出努力。第三,他们认为应对气候变化刻不容缓,要从我做起,以实际行动保护环境。他们会在日常活动中自觉践行环保,如抵制一次性塑料制品、使用二手产品和可回收物品、采购当地食材和有机食物等,也愿意购买价格相对较高的可持续产品。他们一致认为政府和企业应该在应对气候变化方面增加投入,组织相关的宣传与培训,切实推进日常环保行动。第四,企业更加重视心理健康引导,但员工依然感觉身心疲惫。年轻人普遍反映因高压的工作环境和繁重的工作量感到过度劳累,新冠疫情的蔓延也给他们的身心带来持久的负面影响,而社会和企业对这些问题的重视程度和所采取的措施远远不够。青年员工希望企业能提供更好的心理健康支持,设定科学的工作制度,营造更宽松的氛围,为员工减负减压。

与全球其他地区的同龄人相比,中国的"千禧一代"和"Z世代"依然保持着相对乐观的心态。他们认为国家总体经济形势呈现向好的趋势,有利于个人拓展收入来源以应对财务压力。他们的离职意愿相对更低,但依然有不少人会因为薪资不理想、工作与生活无法平衡和缺少发展机会而离开现在的岗位。他们是中国最具有环保意识的人群,不仅自己参与各项环保活动，尽量降低个人对环境的影响，也努力推动全社会和各个企业采取切实有效的行动应对气候变化。他们认为自疫情爆发以来，整个社会更加重视个人的幸福感，企业也更加关注员工的心理健康，但大部分人不会主动将自己的焦虑与压力袒露于人前，而是会选择自行消解。

中法两国"千禧一代"奢侈品消费行为差异分析

　　法国是全球最大的奢侈品制造国，贴上"法国制造"标签的奢侈品不仅代表着优良的品质、精湛的工艺和独特的设计，更体现出法兰西独特的民族精神、文化底蕴、审美观念和生活方式。20世纪90年代初，法国奢侈品牌率先进入中国，极大地冲击了国人的消费理念。随后的三十多年，中国经济飞速发展，人民收入水平大幅提高，消费者对奢侈品表现出愈加浓厚的兴趣，消费人群逐步扩大。稳定的社会环境、腾飞的经济和活跃的贸易造就了崛起的中国奢侈品消费市场。到2015年，中国已经成为全球最大的奢侈品消费国。无论在法国还是在中国，年龄在25岁至40岁之间的年轻人都表现出惊人的消费实力，他们被称作"千禧一代"，是各大奢侈品牌竞相争夺的目标客户群，是现阶段奢侈品消费的主力军。

　　"千禧一代"又称"Y世代"，一般指出生于20世纪80年代初期至90年代中期的年轻一代。这是一个勇于质疑、个性独立的年轻群体，他们身处和平安定的时代，亲历社会财富积累所形成的繁荣，享受科技进步所带来的便利，是消费社会中引导消费潮流的中坚力量。在奢侈品消费方面，他们是当之无愧的主力军。贝恩公司在《2019年全球奢侈品行业研究报告(秋季版)》中提道，"2019年'千禧一代'贡献了全球奢侈品总消费的 35%，预计到 2025 年，将进一步提升到 45%" ①。然而，法国奢侈品产业已有百年历史，拥有成熟的消费市场和相对理性的消费人群，奢侈品消费者主要来自富裕阶层，男女比例相当，其中收入稳定的中年群体购买力最强。相比之下，中国是新兴的奢侈品消费市场，消费群体具有明显的年轻化特点，消费者的社会阶层跨度较大。根据波士顿咨询公司和腾讯公司联合发布的《中国奢侈品市场消费者数字行为报告》，"千禧一代"是中国奢侈品消费的主力人群，其中约 58% 是 30 岁以下的年轻人，女性消费者比例达 71%。②

德勤管理咨询公司 2017 年发布的一份调查报告显示，中国年轻人的奢侈品消费行为和习惯相比于西方的同龄人有很大不同。中国的"千禧一代"认为品牌官网和时尚类杂志更具有权威性，更喜欢在奢侈品牌的实体门店触摸产品的真实感和享受服务的满足感。他们的消费观念相对务实，不太愿意为"体验式产品"或"个性化定制"买单。他们对品牌的忠诚度较高，不仅对产品质量有要求，也很重视产品的独特性和品牌背后的故事。而西方国家的"千禧一代"已经习惯通过社交媒体了解流行趋势和产品信息，愿意在电商平台购买奢侈品，也愿意为定制产品和专属服务支付更高的价格，但他们的忠诚度不高，会尝试不同品牌的各种产品。

然而新冠疫情为全球时尚行业的发展按下了暂停键，率先走出疫情的中国成为全球体量最大、增速最快的奢侈品消费市场。中国的"千禧一代"在电子商务飞速发展和数字化技术广泛运用的中国市场中不断学习和成长，奢侈品消费行为、习惯和偏好与疫情前相比有不小的变化。

① 《2019 年全球奢侈品行业研究报告（秋季版）》. https://www.bain.cn/news_info.php? id=1013.（最后查询日期：2022 年 8 月 15 日）。

② 《年轻的中国消费者改写奢侈品数字化战略》. https://www.bcg.com/zh-cn/press/26sep2018-bcg-tencent-luxury.（最后查询日期：2022 年 8 月 18 日）。

2020 年和 2021 年，我们的研究团队以问卷调查和深度访谈两种形式，对中法两国"千禧一代"的奢侈品消费行为进行了深入的研究。2020 年 3 月至 9 月，我们因此采用网上调研和随机拦截访问的方式向中国消费者发放调查问卷 632 份，回收有效问卷 587 份，受访者年龄区间为 25 岁至 40 岁，主要居住在北京、上海、广州、深圳等一线城市以及杭州、苏州、成都、武汉、西安等二线城市。因新冠疫情导致国际旅行受限，我们因此采用网上调研的方式向法国奢侈品消费者发放调查问卷 426 份，回收有效问卷 374 份，受访者年龄区间为 25 岁至 40 岁，主要居住在巴黎、里昂、里尔、波尔多、马赛、尼斯等大城市。2020 年 10 月至 2021 年 4 月，我们在国内以一对一面谈的形式完成了对 5 位中国奢侈品行业专家的深度访谈，以视频会议和邮件采访的形式完成了对 4 位法国奢侈品行业专家的深度访谈。研究结果显示，中法两国的"千禧一代"奢侈品消费者在消费心理、消费途径、消费偏好等方面存在明显的差异。

从消费心理上看，中国的"千禧一代"看重奢侈品的投资价值和社交属性，购买奢侈品主要是出于社交的需要，认为奢侈品的价值在于它所带来的社会认同感，而不是产品本身。他们对奢侈品牌的文化传承认知不足，更容易受到品牌故事和当下营销策略的影响。他们具有快速学习的能力，对外国奢侈品牌保持着强烈的好奇心，对各大品牌的定位和核心产品越来越了解。大部分人接触奢侈品的时间较短，因而表现得比较冲动和狂热。有相当一部分消费者来自中产阶层甚至是普通工薪阶层，他们甚至愿意为孩子购买大牌奢侈品，想要通过消费升级让自己和家庭靠近向往的圈层。法国的"千禧一代"则更看重奢侈品是否符合个人的审美和喜好，他们购买奢侈品主要是为了取悦自己，强调精神愉悦，追求新鲜感，愿意为奢侈品牌所体现的文化及历史价值买单。他们身处奢侈品产业最发达的国家，对奢侈品牌的产品和文化有习惯性的了解。他们接触奢侈品的时间较长，在消费上更加理性，如果收入水平达不到就不会购买奢侈品，除高净值人群外，父母一般不会为孩子购买大牌奢侈品。

从消费途径上看，"线上搜索、线下消费"是中国的"千禧一代"购买奢侈品的主要方式。他们是互联网的"原住民"，极度依赖微信、QQ等超级社交应用和微博、小红书等网络社交平台，习惯首先通过奢侈品牌的官网、微博公众号和微信小程序等获得产品信息，然后在社交平台查看他人的购买经验和产品使用心得，最后走入实体门店，亲手触摸并亲自试穿或试用产品，与店员面对面沟通，接受一对一的专属服务。这些年轻人对第三方奢侈品电商平台的信任度不高，偶尔为之的纯线上消费也主要集中在各大品牌的官网以及天猫、京东等头部综合电商平台的官方旗舰店。身处三、四线城市的消费者也更愿意在网上做足功课之后去周边大城市的线下门店购买心仪的奢侈品。而法国的"千禧一代"了解和购买奢侈品的方式则更加多样，时尚杂志、街头广告牌、电视广告、网络媒体、社交应用都为他们提供了丰富的产品信息，主要奢侈品牌在各个城市基本都设有实体门店或专柜。由于法国的奢侈品电商起步很早且种类繁多，年轻人对线下的购物体验并不执着，如果实体门店因顾客较多导致长时间排队影响购物体验，他们就会转到线上，在品牌官网、垂直电商、第三方电商、二手交易电商等不同平台进行消费。

从消费偏好上看，中国的"千禧一代"喜欢购买经典款式，更看重产品的质量、工艺和辨识度，对头部品牌的忠诚度较高，但对二三线品牌兴趣不大。他们对产品的价格比较敏感，关注品牌的区域定价和涨价机制，对商家的促销操作反应迅速，热衷于在免税商店或海外旅行时购物，希望利用免税、退税或汇率优惠，以更低的价格买到心仪的奢侈品。当然，他们并不一味追求最低的价格，优质的售前和售后服务也是重要的考量因素。由于中国是新兴的奢侈品消费市场，尚未形成"为奢华体验或高端服务支付高昂费用"的消费氛围，年轻人对"体验式"的奢侈品或"个性化"的服务不太感兴趣，不愿意为定制商品支付更高的费用。他们对仿制品的态度比较宽容，对二手奢侈品的接受程度也越来越高。购买二手奢侈品时会优先考虑更加保值的手表和珠宝，其次是辨识度高的包袋和配饰。法国的"千禧一代"则偏爱风格鲜明的款式，注重产品的设计感和独特性，对品牌的忠诚度不高，不仅关注头部品牌，也乐于接受二三线品牌和小众设计师品牌。他们认为高价是奢侈品的固有属性，降价促销不符合奢侈品牌的高端定位。由于身处奢侈品定价的洼地，他们不太在意产品的价格，不会因为涨价而改变既定的购买计划，更不会特意选择更便宜的购物渠道。由于法国的消费市场更加成熟，年轻人乐于为豪华酒店、高档餐厅、高端旅游等"体验式"产品付费，对定制商品和专属服务表现出极大的热情。他们接受并喜爱各类二手奢侈品，但对仿冒品持否定态度。

值得注意的是，中国的"千禧一代"有着强烈的民族自豪感和文化自信，他们会对冒犯民族尊严的言论或举动作出激烈的反应，任何对中国文化的错误诠释都会引起他们的反感。年轻消费者越来越重视奢侈品牌是否与自己的文化认同高度契合，会因为品牌所传达的理念不符合自己的文化价值观而立即改变态度。意大利奢侈品牌杜嘉班纳（Dolce & Gabbana）因带有歧视意味的广告和创始人的不当言论在中国市场遭到全面抵制就是最好的证明。他们对推崇东方文明和中国文化的举动充满好感，支持奢侈品牌在产品设计和营销推广方面进行本地化尝试，对在经典设计中加入本土元素细节的产品情有独钟，也愿意积极参与品牌所组织的体现本土文化特色的各类活动。而法国是全球奢侈品产业的中心，法式审美和法兰西深厚的文化底蕴早已通过各大奢侈品牌传播到世界各地，身处其中的"千禧一代"并不关注本土化和在地化，他们对小众文化和异国风情更有兴趣，赞同以"兼容并包"为原则进行改革与创新。此外，他们认为法国的奢侈品牌应该为整个行业的可持续发展作出更大的贡献，大力支持环保改造和循环利用，使用新型材料和动物友好型设计的产品颇受欢迎。

我们可以从客观环境和主观意识两个方面来分析中法两国的"千禧一代"在奢侈品消费上存在差异的原因。

客观方面，从20世纪初路易·威登、爱马仕、迪奥、卡地亚等奢侈品牌在法国诞生，到21世纪20年代路威酩轩（LVMH）和开云（Kering）两大奢侈品集团傲视全球，法国奢侈品行业发展历经百年，形成了完善的产业结构和成熟的市场，不仅在国民经济中占有举足轻重的地位，也对大众的价值取向、审美观念和生活方式产生了潜移默化的影响。在这样的大环境下成长起来的法国"千禧一代"面对奢侈品时具有与生俱来的底气，对奢侈品消费的态度开放宽容，坚持自我且不失理性。而法国奢侈品牌在中国市场的发展壮大与中国实行改革开放进而实现经济腾飞的过程几乎同步。从奢侈品第一次走入中国消费者的视线到中国成为全球最大的奢侈品消费市场，只有短短的30年。中国的"千禧一代"也正是在这30年中成长起来。他们大多是独生子女，家庭经济条件普遍比较优越，正处于事业和收入的上升期，不像父辈那样有储蓄的习惯和比较稳定的资金来源支持高消费。他们大多接受过良好的教育，思维方式与世界接轨，愿意尝试新鲜事物，对外来的奢侈品牌接受度很高，但由于认识奢侈品的时间很短且程度不深，在消费时表现得不够理性，容易冲动和随大流。此外，中国的"千禧一代"奢侈品消费者对互联网的依赖性更强，而中国市场的数字化水平更高，数字技术的覆盖面更广，所以他们了解奢侈品的渠道更多，速度更快，也更容易作出购买决定。

主观方面，"自由、平等、博爱"是法兰西共和国的口号，更是法国人历代传承的价值观。法国的"千禧一代"强调个性自由与解放，将个人意志放在第一位，认为人与人之间是平等的，主张对他人释放善意。体现在奢侈品消费上，他们更注重自身的感受，追求享乐式体验，习惯独立作决定，极少受他人的影响。同时，他们的视野比较开阔，尊重多样性，对外来的和小众的文化元素具有较高的包容度。而在中国，儒家思想所倡导的"仁、义、礼、智、信"贯穿于中华伦理的发展之中，是中华民族价值体系的核心要素。"千禧一代"受到儒家思想的影响，保留着一定程度的等级观念，重视面子和人际关系，从众心理较为突出。在奢侈品消费中，他们往往倾向于做出能够得到他人认可或凸显个人身份的选择。必须强调的是，在他们的心目中，社会主义核心价值观依然占主导地位，"爱国、敬业、诚信、友善"是个人层面的价值准则和底线。任何违背准则和触碰底线的操作，他们都会坚决抵制。此外，相比于法国，中国的"千禧一代"奢侈品消费者整体年龄偏低，在购物时热情有余但理性不足。

"千禧一代"是奢侈品消费的主力人群。探究中法两国"千禧一代"在奢侈品消费上的差异并深入分析导致差异的原因，有助于引导中国青年群体进行理性消费，树立正确的价值观。

中国"千禧一代"与"Z世代" 奢侈品消费行为差异分析

中国的"千禧一代"出生于 1980 年至 1995 年之间，人口规模大约为 2 亿。他们是在中国实行改革开放政策以后长大的一代人，其成长过程与中国经济的发展几乎是同步的。他们大多已经进入职场，处于个人事业和收入的稳定期甚至巅峰期，是奢侈品消费的主力人群和奢侈品牌的核心客群。中国的"Z世代"出生于 1995 年后至 2009 年，人口规模大约为 2.8 亿。他们成长于中国经济飞速发展的新时代，大多接受了良好的教育，是真正意义上的"网络一代"。他们非常年轻，还没有走出校园或者只是初入职场，收入尚不稳定，但已经是奢侈品消费的重要人群和奢侈品牌的目标客群。尤其是在新冠疫情之后，中国市场的奢侈品消费增长势头强劲，中国的"千禧一代"和"Z世代"成为推动亚太地区乃至全球奢侈品产业发展的一股重要力量。

2020 年和 2021 年，我们的研究团队以问卷调查和深度访谈两种形式，对中国"千禧一代"和"Z世代"的奢侈品消费行为进行了深入的研究。2020 年 3 月至 9 月，我们采用网上调研和随机拦截访问的方式向中国消费者发放调查问卷 954 份，回收有效问卷 877 份，受访者年龄区间为 18 岁至 40 岁，主要分布在北京、上海、广州、深圳等一线城市以及杭州、苏州、成都、武汉、西安等二线城市。2020 年 10 月至 2021 年 9

月，我们以一对一面谈的形式完成了对5位中国奢侈品行业专家和4位奢侈品牌从业人员的深度访谈。研究结果显示，中国"千禧一代"和"Z世代"奢侈品消费者在消费途径、消费偏好、消费心理等方面存在着明显的差异。

从消费途径上看，"千禧一代"多半凭借自身的财力购买奢侈品，他们的收入较高但并不足够富有，及时享乐往往会让大部分人成为"月光族"。当收入不足以支撑高昂消费时，一部分人会尝试借贷或分期付款。由于奢侈品牌20世纪90年代才进入中国市场，"千禧一代"对奢侈品的认知缺少代际传递，对品牌发展历程和文化传承的了解也相对有限。他们对数字化较为敏感，喜欢通过网络搜索品牌和产品的相关信息，进行"搜索式"购物。他们习惯运用社交媒体获取和交流产品信息，查询官方网站和参考电商平台上的买家评价是最常规的操作。他们也会受到明星、名人和关键意见领袖(Key Opinion Leader)的影响，但程度并不深。他们追求良好的购物体验，更愿意在品牌直营门店、购物中心的品牌专柜等传统实体店铺享受"一对一"的服务。他们极少在线上购买奢侈品，对网购产品的真伪和售后服务持怀疑态度，但愿意尝试信誉度高、服务周到的头部电商渠道和品牌官方渠道。值得一提的是，由于奢侈品牌在不同区域的产品定价存在差异，"千禧一代"更愿意在欧洲、日本等"价格洼地"购买奢侈品，他们会在海外旅行的过程中专门去购物，如果自己无法出国，会想方设法找亲属、朋友甚至代购帮忙。

相比之下，"Z世代"奢侈品消费者的家庭条件普遍较为优越。他们大多收入不太稳定，也没有存钱的习惯，主要依靠家庭的经济支持，由父母或伴侣为自己的高昂消费买单。先买后付、零首付、大额分期等超前消费的方式对他们而言已司空见惯。作为互联网的"原住民"，他们熟悉网络，熟练掌握各种社交应用，更早地接触到奢侈品牌，累积了不少关于奢侈品的知识。他们对数字化技术充满热情，乐于接受新的沟通方式和宣传渠道，进行"发现式"购物。除了在网络上查询产品信息和买家评价外，他们喜欢在生活分享类平台上查找线上测评、购物攻略和产品推荐，并与同龄人分享自己的购买经历和使用心得。他们深受明星、名人、文化先锋、关键意见领袖和关键意见消费者（Key Opinion Consumer）等的影响，更容易冲动消费和过度消费。虽然这些年轻人对网购奢侈品持开放态度，但真正在线上购买的人并不多。他们更愿意走进线下的实体店铺，与销售人员面对面，亲身体验细致周到的服务，享受手拎购物袋的愉悦感。此外，他们对快闪店、内购会、VIP专场、秀场即看即买等新型线下销售形式颇有兴趣，对产品的价格更为敏感，出国购物的频率更高，也是各类免税店的常客。

从消费偏好上看，"千禧一代"认识奢侈品较晚，虽然他们的购买力比较稳定，但未来家庭构成和收入分配的变化可能导致消费降级，难以形成长期的购买习惯，属于"非终生消费者"。他们重视购物过程中的体验，对细致的售前咨询和完善的售后服务也相当在意，一次糟糕的购物经历很可能让他们彻底放弃某一个品牌。他们对奢侈品牌及其背后的文化表现出浓厚的兴趣，愿意参与具有一定社交属性的推广活动，喜欢时装大秀、艺术展览等传统的活动形式。他们会提前做好购物攻略，从认识产品到决定付款的过程较快，目标十分清晰，不易受外界影响。他们更认同知名度高的头部品牌和一线品牌，认为入门级产品已经不符合自己的身份地位，偏爱集辨识度、实用性和保值性于一身的经典款式。他们是复古风潮的追随者，喜欢具有明显品牌标志的设计，也接受在经典元素的基础上进行适当的创新，但拒绝尝试过于大胆和前卫的风格。他们更愿意购买全新的产品，对二手奢侈品的接受度不高，但承认并不抗拒仿制品。对于一些奢侈品牌当下正在力推的"元宇宙"产品，大部分人都表示愿意去了解,但不会轻易尝试,有些人甚至坦言"元宇宙"只是在玩概念,并无实际价值。

相比之下,"Z世代"认识奢侈品较早,其购买力随着年龄的增长而增加,有足够的时间形成长期的购买习惯,属于潜在的"终生消费者"。他们追求良好的购物体验,对环境和服务有很高的要求,强调一视同仁,希望获得平等的售前和售后服务。这一代人很早就受到时尚文化的熏陶,对奢侈品牌有一定的了解,传统的营销和推广方式已经没有吸引力。他们更喜欢专题讲座、主题派对、鸡尾酒会、茶歇等兼具私密性和互动性的小规模活动。他们利用网络资源和社交媒体搜索、交换和分享产品信息,认真筛选和比对,迅速作出购买决定。他们更容易冲动消费,尤其是在实体门店,常常头脑发热买下价格不菲的新款、限量款或店员推荐的冷门款。他们在品牌的选择上更加宽容和多元化:既喜欢一线品牌,也不排斥二三线品牌,还对不为人知的小众品牌或设计师品牌感兴趣;既钟意具有历史感和文化底蕴的经典款产品,也追求热门的当季新品,还会一时兴起买下计划之外的小众款式。他们乐于接受新鲜事物,无论是以经典款式为基础的创新,还是颠覆传统观念的新创意,都能吸引他们的目光。需要特别指出的是,由于收入有限,不少初出社会的年轻人会选择价格相对"可及"、具有装饰性且好搭配的入门级产品。与"千禧一代"截然不同,"Z世代"对二手奢侈品的接受程度较高,认为高性价比和高保值的二手产品同样具有吸引力。他们当中许多人购买的第一件奢侈品就是二手产品,通过购买二手产品初步建立起对品牌的认知和忠诚度。有少数人承认曾经购买过仿制品,但大部分人怀着"宁缺毋滥"的心态,明确表示宁可不买也不会支持假货。而对于"元宇宙"中的虚拟奢侈品,他们抱着极大的善意,认为新技术支持下的新产品形式代表着未来的发展方向,应该予以支持。

　　从消费心理上看，"千禧一代"是一群坚持内心想法、重视自身感受、愿意自我表达的年轻人，他们购买奢侈品主要是为了自我犒赏。他们具有很强的品牌意识，但对品牌的忠诚度不高。他们看重品牌的象征意义，虽然标榜不愿意被打上某种标签，但承认选择头部品牌或一线品牌能够获得更大的认同感。质量和价格是他们购物时的首要考量，品牌的历史、文化和价值观也是重要的参考因素，产品的功能性反而被相对弱化。在他们看来，优良的品质和高昂的价格是奢侈品的天然属性，悠久的历史传承与深厚的文化底蕴更是奢侈品牌的制胜法宝。他们追求极致的性价比，强调愉悦的购物体验和完善的周边服务，倾向于选择与自己的道德标准和价值理念相符的品牌，期待在消费的过程中产生文化共鸣和获得精神认同。他们推崇可持续发展理念，关注生态平衡和环境保护，支持动物友好型的产品设计和新材料的运用，期望品牌制定可持续发展战略、承担更多的社会责任并持续进行积极正面的文化输出。值得注意的是，他们当中有相当一部分人已经进入婚姻并生儿育女，愿意在力所能及的范围内为子女购买高质量的服装和生活用品。他们还会按照自己的喜好为孩子装扮，搭配出风格类似的"亲子装"。与父辈相比，他们显然更注重生活品质，也更懂得享受生活。但大部分人依然能够保持理性。尤其是在受新冠疫情影响经济下行的当下，许多人明确表示会努力开源节流，尽量减少在奢侈品消费方面的支出。

　　相比之下，"Z世代"是敢于张扬个性、善于表达自我的一代，他们强调个体的独立性，拒绝被定义。对他们来说，购买奢侈品不仅仅是为了取悦和犒劳自己，更重要的是展现独特个性，彰显个人魅力。这些年轻人大多从小接受良好的教育，思维方式与世界接轨，对新鲜事物或新奇体验持开放的态度。得益于中国经济的腾飞和互联网技术的普及，他们较早接触奢侈品牌，形成了较为深厚的品牌意识。他们毫不掩饰对一线大牌的喜爱，但也乐于尝试二、三线品牌，小众品牌和设计师品牌更会让他们觉得自己与众不同。除质量和价格外，他们在购物时对产品的款式设计、面料材质、生产工艺、风格审美也有很高的要求，还会综合考量自身的偏好、平台的可靠度、品牌的营销内容和当下的潮流。在他们看来，奢侈品消费不仅是优质的生活方式，也是分享体验和传递价值观的有效途径。他们看重奢侈品牌的文化价值与文化传承，希望品牌的文化调性与自身的喜好相匹配，期待品牌能够重视可持续发展，积极参与公共事务，承担更多的社会责任。他们明确表示只会选择与自己的价值观相符的品牌，任何违背其价值理念或道德准则、不符合可持续标准的产品都不在考虑的范围之内。作为环境保护的坚定支持者和勇敢践行者，他们对以转售和租赁等形式购买二手奢侈品表现出极大的热情，同时也努力以自己的方式发声，推动品牌在拓展可视化供应链、开发新型环保材料、支持更多元更具包容性的设计等方面有所行动。他们当中大部分人还未进入婚育期，短期内没有养育子女方面的支出，购买的奢侈品主要用在自己身上。有趣的是，饲养宠物的年轻人越来越多，他们愿意在力所能及的范围内为宠物花钱，各大品牌推出的宠物系列用品很受欢迎。此外，这个群体的收入来源比较多元且生活压力相对较小，新冠疫情和经济不景气对他们的影响相对不大，他们在奢侈品消费方面的支出有所减少，但整体上变化不大。

2018年至2022年，波士顿咨询公司（BCG）和腾讯（Tencent）联合发布了多份调研报告，对中国奢侈品消费者的数字化行为和中国奢侈品市场的数字化趋势进行了跟踪研究和持续分析。

《2018中国奢侈品消费者数字行为洞察报告》指出，新一代奢侈品消费主力人群非常年轻，其中年龄在30岁以下的占比达58%，女性人数居多，基本拥有本科及以上学历，近半数来自一线城市，另一半广泛分布在二、三线城市。[①] 他们是受互联网和数字技术影响最深的一代，全天候不间断地从手机上获得各类信息，奢侈品消费的路径呈现出高度数字化、碎片化和分散化的状态。从发现产品、搜索信息、比较价格到下单支付、交付接收和售后服务，整个过程中各种相关活动的分类更细致，形式也更多样。具体来说，他们在奢侈品消费方面呈现出六大新特点：注意力主要放在移动端上，微信、QQ、微博、淘宝等用户量庞大的超级应用成为获取和交换产品信息的主要来源；对关键意见领袖（KOL）的观点十分重视，会关注他们在社交媒体上的账号，在购物前参考他们的意见和建议；信赖官方渠道，会主动了解品牌在其官方网站、账号、公众号和小程序上发布的各种信息；"线上研究，线下购买"成为主要的购物途径，习惯在线上收集信息和比对价格后去线下实体门店购买，还会因产品的价差去价格更低或有退税优惠的国家或地区购买；二、三线城市的年轻人在网上购买奢侈品的比例更高，也会在线上做好调研之后去附近一线城市的实体门店购买；在各种线上销售渠道中，全品类电商平台依然是首选，品牌的官方网站也有较大的吸引力，但微信小程序等依托社交平台的社交化购物渠道逐渐兴起，大有后来居上之势。

《2020 中国奢侈品消费者数字行为洞察报告》显示，2020 年中国率先走出新冠疫情，经济全面复苏，奢侈品消费者大量向本土回流，线上渠道的高端消费不断上升，奢侈品市场呈现出全渠道发展的新态势。奢侈品消费人群年轻化的趋势进一步扩大，年轻人成为奢侈品消费的主力军，30 岁以下的年轻人群占比首次超过 50%，支出贡献从

---

① 《BCG ×腾讯：年轻的中国消费者改写奢侈品数字化战略》，"BCG 波士顿咨询"微信公众号，2018 年 9 月 28 日推文。

42%上升至47%。① 疫情当中，由于国际旅行受限，本土的奢侈品消费占比加大，国内线下渠道购买比例上升至59%，以"旅游+免税"为特色的海南离岛免税旅游吸引了众多高净值年轻消费者；主流消费途径即"线上研究，线下购买"占比下降至62%，但纯线上消费路径提升至30%。② 疫情缓解后，奢侈品消费回暖，消费人群加速向一、二线城市聚拢，其中二线城市消费群体年轻化的趋势最为明显；年轻消费者购买奢侈品的品类增加，整体品类渗透率有所提升，其中更具保值性和抗周期性的经典款手袋、入门级珠宝和腕表等最受青睐；他们对国际奢侈品牌作出的本地化尝试表示欢迎，对加入本土元素的经典款产品和融入本土元素细节的营销方式也抱有极大的好感。

《中国奢侈品市场数字化趋势洞察报告(2022年版)》分析指出，2022年中国奢侈品消费市场总体规模维持稳定但结构发生剧烈变化，重度消费逆势增长，消费者年龄结构更趋年轻化，年轻人加速成长为消费主力，"95后"新客占比超过50%，"00后"新客占比接近20%。③ 年轻的消费者对市场发展持积极乐观的态度，秉持着"回归经典、取悦自我、享受生活"的消费理念，他们在消费时更加务实，重视品牌的历史和产品的品质，对大品牌的经典款式青睐有加。他们的购物选择与自身的经济实力密切相关：收入稳定的"千禧一代"喜爱具有高保值性的珠宝和腕表，收入仍处于上升期的"Z世代"则首选消费门槛不高且单价相对较低的配饰。他们对具有品位和调性的高端家居品牌颇有兴趣，喜欢

① 《BCG×腾讯：2020中国奢侈品消费者数字行为洞察报告》，"BCG波士顿咨询"微信公众号，2020年9月23日推文。

② 《BCG×腾讯：2020中国奢侈品消费者数字行为洞察报告》，"BCG波士顿咨询"微信公众号，2020年9月23日推文。

③ 《回归价值，经典焕新：〈中国奢侈品消费者数字行为洞察报告(2022年版)〉》，"BCG波士顿咨询"微信公众号，2022年12月15日推文。

购买香薰蜡烛、家居香氛等提升幸福感的家居产品；他们追求新奇的体验，对滑雪、冲浪、露营等户外活动跃跃欲试，热烈追捧奢侈品牌与专业运动品牌跨界合作的联名款产品。要特别指出的是，"Z 世代"（尤其是"00 后"）群体的奢侈品消费增长尤为迅速，具有极大的发展潜力。他们会在购物前做足功课，擅长利用互联网了解品牌特点、搜索产品信息并比较价格，能熟练地通过各种线上渠道买到自己的"心头好"；对品牌的代言人十分挑剔，认为好的代言人不仅代表品牌的形象，更能传达品牌的理念；追逐潮流，对展示个性和表达自我有着强烈的愿望，偏爱鞋履和成衣两大最能表达个性的产品品类，推崇小众的品牌和与众不同的设计；讲求性价比，赞同可持续发展理念，对二手奢侈品的接受程度较高；热爱新鲜事物，对音乐、游戏、电竞、虚拟人物等跨界联动合作式的营销方式兴趣十足。①

2022 年 8 月，对外经济贸易大学中国奢侈品研究中心发布了《中国奢侈品消费行为报告 2022——线上线下融合背景下的中国奢侈品市场发展》。该报告对中国青年群体的奢侈品消费行为进行了多维度的分析和解读，特别指出"千禧一代"是支撑奢侈品消费的主力军，但在不久的将来会被"Z 世代"取代，并强调在二手奢侈品市场正在向"Z 世代"倾斜。② 几乎所有年龄层的消费者都会同时通过线下和线上两个渠道了解品牌和收集产品信息，但大部分人更倾向于在线下实体门店完成最终的购买行动。"千禧一代"和"Z 世代"对数字化环境和电子商务的适应程度更高，尤其是一、二线城市的年轻人，他们更愿意在线上发掘自我需求和了解产品，在线上购物的比例也更高。对年轻消费者来说，线下购

---

① 《回归价值，经典焕新：〈中国奢侈品消费者数字行为洞察报告（2022 年版）〉》，"BCG 波士顿咨询"微信公众号，2022 年 12 月 15 日推文。

② http://www.luxurychina.org/xwzx/xzcg/97a43d75d7b14d88b871474dadc086e1.htm.（最后查询时间：2022 年 12 月 10 日）。

物不只是传统的消费方式，更是满足社交需求的重要途径，他们喜欢繁华热闹的购物环境和面对面的交流，享受与亲朋好友一起逛街的愉快氛围。线上购物主要是靠价格优惠、送货上门、无时空限制等优势吸引他们，但买卖双方信息不对称、产品质量参差不齐等问题导致购物体验差，最终会影响他们的购买决策。无论是线下消费还是线上消费，具有稳定消费需求和强大购买力的"千禧一代"都是当之无愧的"中流砥柱"，他们习惯通过网络获取有效信息，重视品牌的保值性和产品的性价比，偏爱大品牌的经典款式，对二手奢侈品持谨慎开放的态度。而经济实力不断提升的"Z 世代"有更强烈的消费意愿，他们喜欢门槛相对较低的轻奢品牌，购买奢侈品会从价格相对不高的入门款式开始，乐于在网络社交平台分享自己的购物体验。与其他代际的消费者不同，"Z 世代"对二手奢侈品的接受程度较高，认为购买与众不同的"孤品"更能体现个人的风格与品位。

2020 年 7 月至 8 月，权威时尚商业媒体 Vogue Business 与新媒体平台虎嗅网合作，对中国青年群体的时尚态度、消费动机和购买行为进行了深入的调查。调查显示，中国的年轻消费者对奢侈品并不陌生，过半数"千禧一代"购买奢侈品的经验超过 3 年，1990 年至 1995 年出生的人群是奢侈品消费的绝对主力，贡献了 44% 的消费总额；1985 年至 1989 年出生的人群消费能力最强，年平均消费金额达到 4.1 万元；而"Z 世代"的消费实力也不容忽视，有近七成"00 后"消费者购买奢侈品的经验超过一年。[1] 具体来说，当代中国青年群体的奢侈品消费行为、心理和偏好都发生了明显的变化。第一，青年群体与奢侈品的距离拉近，敬畏感越来越低。对他们来说，奢侈品牌不再神秘，购买一两件大牌产品已

---

[1] 《Vogue Business ✕ 虎嗅：中国年轻人消费奢侈品的 5 个新常态》，"Vogue Business"微信公众号，2020 年 7 月 29 日推文。

经不再稀奇。关于对奢侈品的认知，"千禧一代"最重视品牌识别度、产品工艺和审美理念，"Z世代"却明显不同，尤其是"00后"群体，他们首先强调高昂的价格，其次是品牌与工艺，排在第三位的是时尚度和流行属性。他们不会因为买到一两件奢侈品而欢欣鼓舞，有的甚至认为购买奢侈品与购买生活必需品并无太大区别。第二，青年群体的购物喜好发生了一定程度的改变。"千禧一代"依然最爱购买包袋类产品，但"90后"的执着程度大大低于"80后"，其购物喜好也更加多元化。而"Z世代"群体最喜欢购买的品类是化妆品和鞋，尤其痴迷于收集各种限量版或联名款运动鞋。第三，与其他代际相比，青年群体对奢侈品的价值有着更理性的判断。尤其是"千禧一代"，他们熟知各大奢侈品牌的地位和等级，消费时不仅有较强的投资意识，还会将产品的耐用性纳入考量范围。在他们眼中，爱马仕比香奈儿更值得购买。第四，青年群体接触奢侈品牌的途径更加多样。"80后"关于奢侈品的启蒙大多来自时尚类杂志，"90后"逐渐开始通过身边的亲友和同事了解潮流和品牌，"00后"则更加依赖网络资源和社交媒体，乐于从他人的讨论和分享中获得关于品牌和产品的信息。第五，青年群体的消费心理发生了较大的转变。"千禧一代"购买奢侈品的资金主要来自个人收入，有些人愿意为购买奢侈品而开源节流，但只会在经济能力承受范围之内进行高消费。相比之下，"Z世代"群体尤其是"00后"明显理性不足，他们的收入还不够稳定，购买奢侈品主要依靠家人的支持，容易冲动消费和超前消费，常常会透支信用卡，有些人甚至会尝试风险极大的民间借贷，严重负债的情况时有发生。

2022年10月，Vogue Business的中国团队与阿里巴巴集团旗下的天猫奢品联合发布了《2022时尚消费趋势》报告，聚焦于规模庞大中国网购消费人群，深入分析年轻群体网购奢侈品的行为与偏好。天猫奢品的用户呈现出年轻化的特点，核心客群的年龄在25岁至34岁之间，主要生活在一、二线城市，具有雄厚的消费实力，所购买产品的种类丰富多样。他们对时尚、潮流和奢侈品有着较为深入的理解，关注与奢侈品牌相关的信息、新闻和活动安排。从年龄层来看，这群活跃的线上奢侈品消费人群可以分为"Core人群——新中产"和"More人群——Z世代"两大类。① "新中产"以"千禧一代"为主，是当前中国奢侈品消费市场的核心人群，保持着强大的消费能力和稳定的消费需求；"Z世代"还处于求学阶段或初入职场，整体规模相对不大，购买力也不算高，但他们的消费频次和数量增长很快，消费潜力不容小觑。

"新中产"是重度奢侈品消费人群，主要来自一线城市，年龄集中在30岁至34岁之间。他们追求高品质的生活，认为奢侈品是格调和品位的象征，强调品牌的文化内涵，渴望了解奢侈品牌背后的故事。他们重视品牌的声誉和产品的质量，但对价格并不在意，大多购买过全价商品。作为奢侈品爱好者和收藏者，他们的消费定位更加高端，对整个时尚行业的发展贡献良多。"Z世代"是最具潜力的奢侈品消费人群，分布在不同的城市，年龄集中在25岁至29岁之间。他们是时尚潮流的追随者，对奢侈品牌充满热情，希望通过奢侈品消费感受有品质的生活。他们热衷于研究各大奢侈品牌推出的新品，但更愿意购买价格相对较低的入门款式或辨识度更高的经典款式。他们在消费中不断学习并持续分享，通过共同的喜好构成社交圈子，逐渐形成出色的鉴赏能力和独特的消费理念。"他们普遍会权衡商品的价值与自身消费习惯和能力的匹配度，并结合当下的流行元素购入最适合自己的单品"②。

---

① 《中国网购奢侈品消费人群2022时尚消费趋势报告》，VogueBusinessinChina，2022年10月，第10页。
② 同上，第12页。

　　青年群体是天猫奢品频道的核心客群，其中"90后""00后"占到了一半以上。这些年轻人表现出卓越的品位和独特的审美，购买力也相当惊人。尤其是"Z世代"，他们接触奢侈品牌的时间更早，更舍得花钱购买奢侈品。他们喜欢轻松自由的购物环境，习惯在网络上浏览和查找产品信息，乐于在线上与品牌、商户及其他买家交流互动。随着消费次数的增多，他们逐步建立起成熟的消费观，很快将成为奢侈品消费的引领者。作为时尚消费的主力人群，"新中产"和"Z世代"对待时尚的态度是基本一致的。他们都强调品牌的文化内涵，偏爱低调的产品调性和与众不同的设计风格，不会为了赶时髦而忽视舒适度。他们都认为"悠久的历史"是成为奢侈品牌的首要条件，但"新中产"更看重奢侈品的产品工艺和所展现的高端生活方式，而"Z世代"对奢侈品的价格更敏感，对产品的美学设计要求更高，也更愿意了解品牌的文化和历史。

　　"新中产"是成熟稳定的奢侈品消费者，他们熟悉不同品牌的历史文化、设计风格和经典式样，很清楚什么样的产品满足需求且符合审美。与"Z世代"相比，他们忠诚度更高，不会轻易改变自己的消费习惯，认为自己喜欢的品牌不可替代。女性在这个群体中的地位举足轻重，她们关注潮流趋势和新品发布，对各种类型的产品都充满兴趣，具有强劲的购买力，大多不介意购买全价商品。而"Z世代"是潮流的追随者，拥有敏锐的时尚触觉，会根据不同的场合搭配不同的装扮，也勇于尝试不一样的风格，享受奢侈品消费所带来的即时乐趣。他们的消费行为具有明显的社交意图，朋友聚会是最重要的社交场景，交流穿搭经验和分享使用心得是最常见的社交主题。他们通过选择某个品牌进入特定的社交圈层，在交流与分享的过程中寻找品位相近、志趣相投的伙伴，不少人表示会受其他人的影响去购买流行款式或增加购买数量。这是一群个性张扬、强调自我感受的年轻人，他们购买奢侈品的主要目的是奖励自己，对品牌形象和产品设计要求很高，会被品牌的体验活动和营销创意所吸引，作出的选择也带有强烈的主观色彩。他们尤其喜欢小众的潮奢品牌，对个性化的定制服务也抱有极大的好感。

中国"Z世代"群体的时尚消费观

到2025年，出生于1996年至2009年的"Z世代"群体将占到亚太地区人口总量的1/4，与1980年至1995年出生的"千禧一代"的人口规模基本一致。"Z世代"群体的购买力逐步提升，成为消费市场无法忽视的一股力量。2019年下半年，全球知名的麦肯锡管理咨询公司对亚太地区六个主要国家(中国、澳大利亚、印度尼西亚、日本、韩国和泰国)的"Z世代"消费者展开调研，对他们的消费行为和消费观进行细致分析，总结出该群体的五大消费趋势，并将其划分为六大客群。

第一，"Z世代"无法离开社交媒体，但又时刻保持谨慎。他们出生在互联网诞生之后，日常的生活、学习、工作和社交都离不开网络环境，是真正意义上的"网络原住民"。在亚太地区，"Z世代"使用手机的时长远高于"千禧一代"和"X世代"①，他们当中有近1/3每天花在手机上的时间超过6小时，尤其是在社交媒体上耗费了大量的精力。实际上，这些年轻人很清楚过度依赖网络的弊端，他们赞同线上技术的进步

---

① "X世代"指出生于20世纪60年代中期至70年代末的人。

反而给线下的社会关系带来负面影响，承认存在过度分享的问题，也对个人数据的使用方式及其安全性表示担忧。① 他们会在消费之前谨慎选择消息的来源渠道并仔细辨别信息的真伪，也会主动管理自己的线上身份和消费行为，为自己树立积极、正面和理性的人设。

第二，"Z世代"对品牌和产品十分挑剔，认为自己的要求总能得到满足。他们重视自身的需求和感受，在消费方面会根据个人喜好作出选择。由于收入还不够稳定，他们在购物前会仔细研究产品的相关信息，尤其善于比较价格和寻找折扣，但绝不会为了价格而降低对质量的要求。此外，他们还很重视产品的功能和品牌所提供的服务，偏爱个性化的设计和定制类的产品，也对不同品牌合作推出的"联名款"表现出浓厚的兴趣。

第三，"Z世代"对能够讲述独特故事或具有鲜明个性的品牌抱有好感。一方面，他们紧跟时尚潮流，对人气品牌和热门款式表现出极大的热情。另一方面，他们希望在穿着打扮上与众不同，更容易被具有独特理念和突出风格的品牌和产品吸引。想要赢得"Z世代"消费者的心绝非易事，不仅要扩大规模和打造爆款以获得更高的认可度，还要保持独立性、独特性和创新性，不能随波逐流。

第四，"Z世代"深受新型网络媒介的影响。与其他代际的消费者相比，亚太地区的"Z世代"更依赖网络上的视频类社交媒体，观看视频的时间更长且内容更丰富。这种习惯不仅会影响他们选择品牌和产品的方式，也会影响最终的购买决策。他们喜欢通过视频获取品牌和产品的信息，了解其他人对产品的评价，分享自己的使用心得。尤其在日本和韩国，视频媒体是大多数"Z世代"消费者选择品牌和购买产品

---

① https://www.mckinsey.com.cn/赢得后浪:亚太地区z世代消费者研究/.（最后查询日期：2022年8月18日）

的首选渠道。①

第五，"Z世代"乐于打造"环保"人设，但不会为此而盲目消费。各个国家的年轻人都表示自己有较强的环保意识，是可持续发展和环境保护的坚定支持者。他们关注最新的环保理念，喜欢主打环保概念的品牌，愿意购买使用环保材质或以可持续方式生产的产品，也会用实际行动支持各种环保活动、减少个人对环境的影响。但大部分人明确表示不愿意为环保产品支付过高的溢价，认为品牌应自行消化环保改造与开发导致的成本上升，不能将其转嫁到消费者头上。

"Z世代"消费者并不是一个同质化的群体，从消费行为和消费观的角度来看，可将其细分为品牌追随者、高端购物狂、环保主义者、性价比研究控、品质至上派和佛系保守派六大客群。

"品牌追随者"是"Z世代"消费者中最大的单一细分客群。他们对各种品牌都充满热情，会主动通过社交媒体了解品牌的信息，但对品牌的忠诚度并不高；他们时刻关注潮流趋势，但不一定会将情感上的喜爱转化为实际的购买行动；他们会在专业人士、关键意见领袖等的影响下尝试新的产品和服务，但又十分挑剔，难以取悦。与其他类群的消费者相比，这些年轻人更喜欢线上消费，他们对自己的喜好有明确的认识，不愿花太多时间和精力去寻找和比价，认为在线购买的效率更高且更具性价比。

"高端购物狂"即狂热的购物爱好者。这个年轻群体是真正意义上的"网络原住民"和"消费冲动派"，习惯通过线上的各种渠道对品牌和产品进行研究与比较，很容易在外界因素的影响或他人的建议下冲动地作出购买决定，愿意为自己想要的产品支付较高的溢价，在可负担的情

---

① https://www.mckinsey.com.cn/赢得后浪:亚太地区z世代消费者研究/. (最后查询日期：2022年10月18日)

况下会积极地进行消费升级。他们在社交媒体上的活跃度很高，看重消费的社交用途，偏爱知名度高的大品牌，认为通过高端消费不仅能融入特定的社会圈层，也能凸显自己的与众不同。

"环保主义者"是支持环境保护和倡导可持续发展的消费群体。"Z世代"比"千禧一代"和"X世代"更强调企业的社会责任，他们对致力于环保改革的品牌青睐有加，在购物时也会优先考虑含有机成分或天然材质的产品。他们坚守自己的喜好与选择，不易受他人影响，但对新产品和小众品牌持开放态度。值得注意的是，他们更愿意在实体店铺消费，对网购的积极性不高，虽然大部分人宣称支持可持续发展，但实际生活中未必愿意为环保型产品买单。

"性价比研究控"是"Z世代"消费者中相对理性且具有较高品牌忠诚度的群体。大多数人更倾向于选择熟悉的品牌和产品，但并不会盲目忠诚于特定的品牌。对他们来说，性价比是购物时的首要考量，品牌是否更高档并不会影响最终的购买决策。他们喜欢在线上全面了解产品信息，购物前必定会做好攻略并货比三家，想方设法寻找最划算的购买方案。

"品质至上派"是不断追求品质、一切以品质为先的年轻消费群体。他们只会购买高品质的产品，认为品质是衡量产品好坏的唯一标准。对于品质，他们有自己的理解，并不认为大品牌和高品质之间可以直接画等号。他们对环保品牌和环保型产品的喜爱不是出于时尚嗅觉或道德观念，而是因为环保材质和可持续性设计恰恰能体现产品的高品质。

"佛系保守派"是被动随性的消费群体，在"Z世代"中的占比最低。他们对购物的兴趣不大，不愿意花时间去了解品牌；他们乐于享受折扣，但不想耗费精力去查找和研究；他们希望购物方式尽可能简单，如果遇到喜欢的品牌和合用的产品，就会坚持用下去，不再改变。

根据国际通行的定义，中国的"Z世代"是出生于1996年至2009年之间的年轻群体，约占全国总人口的15%。他们成长于国家实力日益强大、互联网技术飞速发展的新时代，对不断提升的生活质量和消费水平习以为常，对改变生活、工作和娱乐方式的数字化创新也司空见惯。2020年11月，全球知名的麦肯锡管理咨询公司发布了《中国消费者特刊——洞悉中国消费者：全球增长引擎》研究报告，详细分析了中国"Z世代"与中国其他代际消费者、其他国家同年龄层消费者之间的差异，总结出这一年轻群体的六大消费趋势。

第一，中国的"Z世代"更易产生超过预算的消费冲动。各国年轻人对待消费的态度都较为随性，但中国的消费者更容易冲动购物，近半数的"Z世代"倾向于随性消费。① 不少人坦言自己是"月光族"，没有储蓄的习惯，会把每月到手的收入全部花光，但他们对经济的发展趋势和自己的未来收入都持乐观态度，不介意超预算消费或一定程度的负债。值得注意的是，中国市场中存在蚂蚁花呗、京东白条等消费信贷类产品，很多没有收入或信用记录的年轻人可以通过消费信贷购买超出其承受能力的商品，"先购买，后还款"的模式在很大程度上助长了超前消费的非理性行为。

第二，中国的"Z世代"更喜欢个性化的产品和定制式的服务。他们偏爱能提供独特产品设计和专属定制服务的品牌，希望通过与众不同的选择彰显自己的个性。许多品牌在中国市场推出"限量款式"或"定制产品"，如专属色号的口红、包含中国元素的设计、可自选刻字的外包装等，都受到"Z世代"消费者的欢迎。需要说明的是，这些年轻人虽然冲动但不失理性，他们对定制产品或服务的价值有自己的衡量与判断，明

---

① https://www.mckinsey.com.cn/麦肯锡中国消费者特刊-中国Z世代初长成，如何俘/.（最后访问日期：2022年10月20日）。

确表示若溢价高于心理预期就会果断放弃。

第三，中国的"Z世代"在品牌和产品的选择上具有更高的忠诚度。他们执着于自己喜欢的品牌，近半数在面对熟悉的品牌和新品牌时会毫不犹豫地选择前者。这个群体的消费忠诚度不仅高于韩国和日本等其他东方国家的同龄人，也高于中国的"千禧一代"和"X世代"。① 作为互联网的"原住民"，他们习惯关注自己所喜欢的品牌在各大社交应用上的账号并从中获取关于产品的有效信息，对线上互动活动、手机游戏、优先订购、产品维护、资源共享等各类线上增值服务也颇有兴趣。

第四，中国的"Z世代"更适应全渠道购物。随着互联网的普及和数字化技术的发展，网络成为年轻一代的重要信息渠道，线上与线下相结合的购买方式越来越受欢迎。在时尚消费方面，品牌价值的高低决定了消费行为的差异。对于普通品牌，年轻人习惯在线下门店看到实物后在线上搜索信息并下单；对于奢侈品牌，他们大多只在网上查询产品信息并进行细致的研究，最终还是会走进实体门店，亲身体验专属的优质服务。

第五，中国的"Z世代"对专业电商平台上的个人卖家更宽容。与其他国家相比，中国市场的数字化程度较深且范围较广，培育了一批优质的电子商务平台。年轻人普遍认为透明度高的电商平台能为个人间的交易提供便利与保障，他们乐于接受全品类购物平台（如淘宝、京东）及大型二手交易平台（如闲鱼）上的个人卖家，但对抖音和微信等社交平台上的个体商家却有所保留。

第六，中国的"Z世代"更在乎品牌和产品的线上口碑。传统式的口耳相传逐渐失去吸引力，大多数年轻消费者更重视线上的各类评论，淘

---

① 《中国消费者特刊2021——洞悉中国消费者：全球增长引擎》，麦肯锡咨询公司，2020年，第144页。

宝上的买家评价、小红书上的用户体验分享、亲朋好友在微信和微博上发表的心得体会、网红博主的推荐等都会对他们产生影响。此外，品牌在各大社交平台上的官方账号是获取信息的重要来源，关键意见领袖的看法和建议更会直接影响他们的购买决策。提供查询、评论、分享、团购等信息的线上平台受到年轻人的普遍欢迎。

2021 年 7 月，麦肯锡全球研究院发布《消费者：7 大群体塑造中国消费格局》研究报告，提出在未来十年，中国中高收入家庭有望增加约70%，推动中国消费增长的消费者可分为老年网民、单身家庭、数字原住民、环保消费者、共享消费者、城市群消费者和国内游客七大群体。① "Z 世代"是数字原住民、环保消费者和共享消费者的主力军，在单身家庭、城市群消费者中也占据了相当大的比例。

"数字原住民"主要是依赖互联网络、计算机技术和移动通信工具的青年群体，他们每天花费大量的时间使用电脑和手机，习惯在网上搜索信息和获取资讯，也热衷于网络社交和线上购物。他们是十分随性的消费者，常常会发生计划之外的购买行为。这些年轻人普遍对未来持乐观态度，相信自己能通过努力达成目标并过上想要的生活。他们相信自己未来的财务状况，对超前消费的接受度颇高，不少人表示即使借债也会购买自己想要的东西。30 岁以下的年轻人是使用消费信贷的主要人群，推动服装类时尚产品在线消费大幅增长。"环保消费者"顾名思义就是以环境保护为首要考量的消费人群。中国消费者越来越关注环境问题，许多人表示会基于环境污染与气候变化等因素改变自己的购物决策。"Z 世代"是最坚定的环保支持者，他们表现出非常明显的"绿色"购物偏好，会被品牌提出的环保主张打动，愿意为使用环保材质的产品

---

① 《消费者：7 大群体塑造中国消费格局》，麦肯锡研究院，2021 年 7 月，第2 页至第 3 页。

和环保型的包装花更多的钱。"共享消费者"是倡导资源共享和产品循环再利用的消费人群。现阶段,对中国的年轻人而言,经济下行导致生存压力加大,社会变革引起心态上的变化,科学技术发展也带来观念上的冲击,他们开始尝试以租赁产品和订购服务等新的消费形式代替传统的购物方式,对二手商品交易的态度也变得宽容。他们乐于选择性价比高的二手产品或翻新产品,也越来越喜欢购买数字化产品和服务。在这些年轻消费者的支持与推动下,二手电商平台和数字化服务平台逐渐发展壮大起来。

2000年至2020年,中国的总生育率从1.6下降到1.3,年出生人口数量从1800万下降到1200万,平均家庭户规模急剧缩小,"单身家庭"的数量越来越多。目前,单身家庭约占中国家庭总数的15%,成年单身人口已突破2.4亿,人口趋势变化对消费格局产生了极大的影响。① 大多数"Z世代"尚处于单身阶段,是构成单身家庭的主力人群,也是推动单身经济发展的核心力量。他们重视自身的感受,紧跟时尚潮流,主张为"悦己"而消费。此外,随着城市化不断推进,大城市的高收入人群和中小城市的富裕人群持续增加。基于地理相邻性和基础设施共享,这些有经济实力的消费者在更大的范围内活动,形成了城市圈消费群体,"Z世代"则是当中最为活跃和最具潜力的一部分。

2021年9月,时尚权威媒体"WWD国际时尚特讯"与新锐青年媒体"HardCandy硬糖青春"联合发布了时尚洞察报告《Z时代白皮书》,对中国"Z世代"群体的时尚态度、消费习惯、生活方式等进行了深入的分析。报告指出,中国的"Z世代"消费者重视体验,追求独特的潮流生活方式,认同有态度、有力量的时尚价值,他们有较强的社会责任感,但

---

① 《消费者:7大群体塑造中国消费格局》,麦肯锡研究院,2021年7月,第4页。

又会因为赶时髦和贪新鲜而购买易耗商品，所以内心充满矛盾。① 从时尚主张和行为习惯来说，这一群体可分为硬核青年、放飞青年、危险乖、佛系三连和时髦懒人五种类型。②"硬核青年"是内心强大、个性鲜明、对时尚有独到见解的年轻人群，他们对各种潮牌的喜爱程度高于大牌奢侈品，热衷于通过自媒体将自己打造成"关键意见领袖"；"放飞青年"是张扬个性、放飞自我的年轻人群，他们尊重主流时尚和主体文化，但乐于从中挖掘能凸显个性的元素，对小众品牌和中古产品极为关注；"危险乖"是风格看似乖巧单一实则大胆多变的年轻人群，他们有着极高的时尚包容度，善于在很短的时间内迅速切换各种风格迥异的装扮；"佛系三连"是随时把"都行、可以、随便"挂在嘴边的年轻人群，他们极度依赖互联网，能在线上解决的事绝不会在线下花费时间和精力，偏爱休闲运动风和基本款产品，但也能轻松搭配出个人的风格；"时髦懒人"是表面上看起来懒散随意但实际在时尚方面投入很多且颇有心得的年轻人群，他们毫不掩饰对快时尚和运动品牌的喜爱，人前人后始终保持着"时髦"的形象。总而言之，中国的"Z世代"是潜力巨大的时尚消费群体，是推动时尚产业未来发展不可忽视的力量。他们在消费实践中不断成长并日渐成熟，形成了独特的时尚理念和鲜明的消费偏好。

第一，他们对奢侈品牌有着清醒的认识和清晰的定位。在他们看来，以悠久历史和精湛工艺著称的爱马仕、香奈儿是"永恒的艺术品"，坚守工匠精神又不断推陈出新的路易·威登是"个性丰富、稳重求进的经典"，擅长迎合年轻消费者、制造明星效应和打造爆款的古驰、普拉

---

① 《这份洞察报告，以Z时代新主张解锁时尚消费新机遇》，"HardCandy 硬糖青春"公众号，2021年9月27日推文。

② 《WWW＊硬糖青春：Z世代白皮书》，新媒体"HardCandy 硬糖青春"，2021年9月，第2页。

达、巴黎世家、华伦天奴等是"潮流奢侈品"。而兼具艺术设计感、性价比和可及性的轻奢品牌受到年轻女性欢迎，运动品牌凭借实用、简约、随性等特质成为年轻人日常穿搭的重要选择，快时尚则以飞快的更新速度、丰富的产品款式、舒适的穿着体验和轻松的购物环境收获众多喜爱。此外，还有不少年轻人是潮牌的忠实爱好者，习惯在日常穿搭中用潮牌单品体现独特的个人风格，对与潮牌合作的小众设计师品牌也颇有好感。

第二，他们成长于资源丰富、信息通达的互联网时代，更早接触到奢侈品，有更多途径了解品牌与潮流，形成了开放包容又特立独行的时尚理念。他们的消费行动建立在认同品牌价值的基础之上，品牌背后的故事、传递的文化、呈现的方式和表达的态度都对消费决策起着至关重要的作用；他们有多元化的视角，努力尝试多变的穿搭风格，希望打破传统审美、展现个人品位并引导时尚潮流；他们有无尽的想象力和创造力，积极探索跨越时代和地域差异的穿搭风格，努力以更有趣的方式诠释自己的时尚理念和艺术主张。必须强调的是，这些年轻人有着强烈的民族自豪感和文化认同感，对"国潮"和国民品牌满怀热忱，他们不仅钟爱经典的汉服唐装，也追捧故宫文创周边、国货彩妆和国风歌曲，不仅对回力、李宁、飞跃等传统国牌了如指掌，也对各种新兴国牌兴趣十足。

第三，他们对互联网的依赖程度较高，短视频、图文和直播是获取时尚资讯和产品信息的主要方式，购物网站、种草社区、社交平台是交流意见和分享心得的重要渠道。特别是二、三线城市的年轻人，在网络上的活跃程度不断提升，网购的积极性也越来越高。他们的经济负担和生活压力相对较小，对价格的敏感度较低，愿意花更多时间在网上研究潮流、品牌和产品，也愿意花更多钱购买限量版或在线下买不到的款式。此外，明星、名人、关键意见领袖等的线上推荐和理念输出对年轻消费者也具有相当的影响力。他们关注品牌推出的明星合作活动和 IP 联名款式，热衷于购买偶像代言的产品，尤其喜爱偶像推荐款或明星同款。

第四，他们格外重视体验，在消费时不仅希望获得良好的物质体验，对精神层面的对话和交流也有很高的要求。大部分人养成了"线上查询，线下购买"的习惯，在走入线下店铺前会通过线上的各种渠道了解关于品牌和产品的信息，但仍然认为实体门店会提供更好的购物体验。他们渴望在消费过程中获得全方位的优质体验，欢迎线上线下融合的新零售模式，期待体验感十足的场景设置、个性化的店铺陈列、新颖的主题活动和独特的营销创意，积极支持和响应品牌以线上线下联动方式组织艺术展览、开设主题快闪店、促成跨界设计、发售联名产品等。

第五，他们关注环保问题，强调社会责任，但在实际消费中却常常处于追逐潮流与坚守道德的两难境地。他们具有较高的认知水平，熟悉互联网的沟通法则，能在最大范围内接触到各种信息，深知环境保护和社会公平的重要性。作为亲社会型的消费者，他们对科学发展与技术创新满怀期待，认为平等和多样性至关重要，愿意付出额外的努力和更高的价钱来支持遵守更高道德标准的品牌，对时尚企业的供应链、社会责任和价值观提出了很高的要求。[①] 不少年轻人声称对主打可持续概念的品牌和使用环保材料的产品抱有好感，不过在现实中进行消费选择时依然会以款式和风格为先，大量购买新潮时髦的商品。

2021 年 9 月至 2023 年 1 月，权威时尚商业媒体"Vogue Business"的中国团队发布了"Vogue Business Decoding"系列研究报告，包括《解码中

---

① 《WWW＊硬糖青春：Z 世代白皮书》，新媒体"HardCandy 硬糖青春"，2021 年 9 月，第 15 页。

国Z世代的时尚消费观》《解码中国Z世代的文化价值观》《解码中国Z世代的可持续消费观》和《解码中国Z世代的香氛经济》4份白皮书，从不同侧面对中国Z世代的时尚消费进行分析和细致的解读。

《解码中国Z世代的时尚消费观》白皮书主要分析了"Z世代"的时尚风格偏好、消费能力、消费理念和消费行为。"Z世代"成长于经济飞速发展、信息技术日新月异的时代，他们乐于融合虚拟世界与现实生活，对新鲜事物、个性化和本土文化有着超乎寻常的热情，对时尚、文化和品牌的看法也更自由、更自我、更有个性，是未来十几年最能主导时尚和奢侈品市场走向的一代人。[①] 中国的"Z世代"是在时尚文化和商业文明浸染中长大的一代，他们对时尚的理解更具批判性眼光，对奢侈品消费的态度有着超乎年龄的理性和成熟。关于奢侈品，他们除保留"高昂的价格""悠久的品牌历史""展现高端的生活方式"等传统的认知之外，还对"设计美学""独特性"和"产品工艺"满怀期待。[②] 这一群体在奢侈品方面的消费逐年增长，其中男性的时尚品位大大提升，购买力也相当惊人。他们更早进入时尚消费圈，对时尚的学习钻研劲头和模仿领悟程度都不比同龄女性差，甚至还有赶超的趋势。在对品牌不同宣传方式的态度上，"Z世代"颠覆了大众的普遍认知，围绕偶像、流量明星、时尚博主等展开的营销对他们的吸引力不大，直播带货、微信朋友圈广告、影视作品植入等甚至会引起他们的反感，融合品牌文化和艺术人文的展览、身边同事或朋友的推荐、突破想象力的跨界联名等才是他们的兴趣所在。

按照时尚风格的不同，"Z世代"时尚消费者可以分为佛系小心机、

---

① 《Vogue Business 重磅揭晓〈解码中国 Z 世代的时尚消费观〉白皮书》，"Vogue Business"微信公众号 2021 年 9 月 3 日推文。

② 《解码中国 Z 世代的时尚消费观》白皮书，VogueBusinessinChina，2021 年 9 月，第 4 页。

先锋焦点、风格试验机和逃避型精致四个类型。"佛系小心机"喜欢休闲随意的风格和简单的设计元素，不太在意时尚感。他们对奢侈品牌的了解不深，也不会专门花时间去研究，但依然会配置少量符合自己喜好的时尚单品用于搭配不同场合的穿着，看似无意地透露隐藏的心思。"先锋焦点"是风格大胆前卫的潮流引领者，是最符合大众对"Z世代"时尚风格固有认知的群体。他们熟悉不同品牌的特色，会在悉心钻研潮流趋势后搭配出独一无二的着装风格，使自己成为人群中的焦点。这群年轻人对品牌在创新方面的要求较高，如果品牌具有他们喜爱的特质或独特的创意，就会得到他们的青睐。"风格试验机"是紧跟潮流、风格多变的乐观型消费者，也是各大品牌竞相争夺的目标客户群。他们追捧当下流行的时尚单品，对各种奢侈品牌了如指掌，全身上下的打扮充满亮点，尤其喜爱品牌标志和字母组合图案。除了随心搭配的乐趣和购买奢侈品的快感，他们还很看重时尚消费所带来的社交资本，强调奢侈品是进入特定社交圈层的敲门砖，交流购物体验和分享穿搭心得有助于找到并加入志同道合的圈子。"逃避型精致"是惯于以极简风格示人的低调消费者。他们拒绝张扬浮夸的设计，偏爱经典款式，努力打造有内涵、有品位的个性人设。他们强调由内而外的高级感和全身心的自我宠爱，对品质有着近乎严苛的要求，无论是服装、首饰还是贴身用品都必须舒适且精致。为了加深对品牌的认知，他们还热衷于参加品牌举办的艺术展览或主题活动。

总之，"Z世代"并不是盲目的消费者，他们对品牌的特点和品牌是否与自身需求和风格相匹配有着非常清醒的看法和超越年龄的老练。① 只有优质的产品和服务、真诚的交流与沟通、新颖的理念和创意才能真

---

① 《解码中国Z世代的时尚消费观》白皮书，VogueBusinessinChina，2021年9月，第4页。

正赢得他们的心。"Z世代"对自己有着深刻的了解，也在精神层面对品牌提出了更高的要求：他们希望成为"品牌共创者"，渴望参与并影响品牌的发展，与品牌一起成长；他们有足够的文化自信，越来越多人选择国产品牌，支持本土设计；① 他们个性十足，有多样化的需求，会积极主动地了解新品牌和小众品牌，研究不同品牌背后的历史与文化。

《解码中国Z世代的文化价值观》白皮书详细分析了中国"Z世代"的性格特质，探究这一群体如何影响商业社会的游戏规则以及他们的文化价值观如何影响时尚品牌的改革策略和发展方向。中国的"Z世代"正在重新构筑属于中华民族自己的文化体系、审美原则和创意标准，他们在时代的洪流中努力诠释中国传统文化，积极提升民族的文化话语权和国际影响力。② 积极乐观、有责任感和有爱国情怀是"Z世代"社会文化特质的形成依据，是他们区别于其他群体的明显特征，也深刻影响着他们的消费态度和购物偏好。独立、敏感和包容是"Z世代"的内在群体特征和人格特质的基础，也会潜在地影响他们的消费决策。③

这一代年轻人的成长与中国的经济腾飞同步，他们对国家的繁荣和民族的强大有着最真实的感受，形成了发自肺腑的爱国热情。大部分人是独生子女，在文化包容度高、物质较为丰富、沟通方式多样化的环境中长大，很早就培养出独立性。无处不在的信息网络让他们比其他时代的同龄人更早了解现实世界，显得早熟而敏感，但广阔的视野和丰富的知识积累让他们在心态上更加开放和包容。与大众的普遍认知不同，

① 《Vogue Business 重磅揭晓〈解码中国Z世代的时尚消费观〉白皮书》，"Vogue Business"微信公众号2021年9月3日推文。
② 《Vogue Business 重磅揭晓〈解码中国Z世代的文化价值观〉白皮书》，"Vogue Business"微信公众号2022年1月17日推文。
③ 《解码中国Z世代的文化价值观》白皮书，VogueBusinessinChina，2022年1月，第9页。

"Z世代"并不是完全依赖父母或家人，他们当中许多人已经进入社会，通过全职或兼职获得收入，经济来源多样且越来越独立。"Z世代"的消费观在成熟度上已经接近"千禧一代"，大部分认为自己是理性的"专业消费者"，他们在消费前要反复权衡，货比三家，尽量保持克制，避免冲动消费或野性消费。"Z世代"具有超前的投资意识和敏锐的投资眼光。一方面，他们通过时尚消费有效地提升个人形象，学习与工作相关的专业技能，培养个人兴趣和才艺，走遍世界各地增长见识，由内到外实现自我增值；另一方面，他们开始购入房产、汽车等大件资产，关注医疗保险、优质饮食方案等与身体健康相关的投资产品。值得注意的是，"Z世代"大多没有兄弟姐妹，生活中与各种电子产品为伴，内心的孤独感和焦虑感十分强烈。他们很想找到志同道合的伙伴，融入固定的圈层，获得心灵上的慰藉，但又很难迈出第一步；他们渴望过上健康规律的生活，也为此制订了相关的计划，却迫于工作或学习上的压力无法实现；他们向往自然风光和慢节奏的田园生活，但只能在城市里为生计奔忙；他们喜欢高端的品牌和产品，但现有的经济实力无法承担过高的消费；他们渴望得到他人的认可和认同，却往往在与父母、朋友、同事的相处中愈加迷失。"Z世代"在成长的过程中形成了自己独有的文化价值体系：将"追求个人价值的实现"作为最核心的价值理念；在心态上保持开放和包容，善于接受和理解与自己不同的人和事；追求真实、真诚与纯粹，讨厌看似完美的虚假和伪装；不受传统和世俗观念的束缚，对成功的定义更加多元；坚信人人平等，对涉及种族、性别、民族等方面的歧视态度或行为深恶痛绝；有强烈的爱国热忱和家国情怀，对国家和民族充满自豪感；渴望得到他人的关注和认可，努力融入集体以获得归属感；关注尖端科学技术，拥抱科技进步为生活带来的改变。

对"Z世代"而言，时下流行的"国潮"概念主要是中国民族元素（如中国红、刺绣、龙)、中国情怀和文化自信、东方美学,也涉及中国品牌、中国制造和国内最流行的时尚潮流,各大品牌与博物馆合作打造的文化创意产品是最受欢迎、最具代表性的国潮产品。与"千禧一代"相比,"Z世代"对国产品牌的开放度和包容度更高。在他们愿意优先购买的国产品牌的产品类别中,服装、配饰和包袋排在前三位。尽管爱国情怀和文化自信等情绪因素会对他们的品牌喜好产生一定的影响,但最终的购买决定取决于性价比、审美设计、附加价值等理性因素。他们承认在产品设计或广告策略中加入国潮元素会增加他们对品牌的好感,国产品牌运用国潮元素也更有吸引力,但绝不会只为了爱国情怀而盲目消费。海外时尚品牌惯用的明星代言、流量带货之类的宣传操作并不能吸引这些年轻人。他们更希望品牌能在提升产品力和品牌力上多下工夫,包括加强品牌理念的宣传,讲好品牌故事,与消费者建立真正意义上的情感链接;提升产品的创新力,满足年轻群体渴望表达自我和彰显个性的内在需求;精心打磨产品的外观设计,积极融入年轻人"颜值至上"的文化等。[1]

《解码中国Z世代的可持续消费观》白皮书主要分析了中国"Z世代"群体对可持续发展和消费的认知、态度和行为,重点解读4种可持续消费人格。[2] 中国"Z世代"群体的人口基数超过2亿,他们对可持续消费的认知和敏感度均高于其他年龄群体,是引导消费潮流和推动消费升级的重要力量。"可持续"理念在这一群体中的普及程度较高。他们对"可持续消费"的理解比较深刻,但不够全面。他们认为最重要的是"转变消费观念,节约资源和能源",其次是"倡导适度消费,抵制不理

---

[1] 《解码中国Z世代的文化价值观》白皮书,VogueBusinessinChina,2022年1月,第29页。

[2] 《Vogue Business重磅揭晓〈解码中国Z世代的可持续消费观〉白皮书》,"Vogue Business"微信公众号2022年9月2日推文。

性消费"和"注意保护环境，实行节能减排"。但相比于"千禧一代"，他们对"关注产品形成各环节中的社会责任"理解不足。此外，在"优先使用环保包装"和"优先选择具有可持续理念的品牌和产品"方面也有较大的进步空间。

"Z 世代"是十足的行动派，他们努力将环保理念融入日常生活，用实际行动为"可持续发展"助力，如减少使用一次性用品、尽量乘坐公共交通工具、减少购买服装和化妆品、使用环保袋、拒绝过度包装的产品、使用节能设备或绿色能源设备等。几乎所有人都支持"可持续消费"理念，其中超过一半表示会特意或优先选购"可持续"产品。关于"Z 世代"可持续消费行为的动机，"为地球和社会作出贡献"排在首位，其他还包括"省钱""彰显生活品质和认知水平"等。值得一提的是，只有18% 的"Z 世代"表示践行可持续消费的目的是"为后代子孙留下适宜生存的地球环境"，而持有这一观点的"千禧一代"达到 24%，从侧面反映出"Z 世代"的人生阅历较浅，视野尚不宽阔，及时享乐仍是他们对待生活的基本态度。①

绝大多数"Z 世代"都对带有"可持续"标签的品牌抱有好感。他们习惯从实用主义的角度来定义"可持续品牌"，从不同角度对品牌提出了很高的要求，包括确保产品经久耐用且支持循环利用、通过宣传可持续理念引导适度消费、研发"可持续产品线"、使用环境友好型原材料、在生产过程中节能减排并降低废弃率、开发绿色环保供应链、使用易于回收利用的再生包装、减少或避免使用珍稀动物皮毛等。但他们缺少社会经验和职场历练，对品牌在促进社会平等、参与环保项目和公益活动、保障员工公平的工作条件和报酬等方面的社会责任认识不足。普拉

① 《解码中国 Z 世代的可持续消费观》白皮书，VogueBusinessinChina，2022年 9 月，第 21 页。

达、路易·威登、爱马仕、古驰和迪奥是"Z 世代"心目中最具有"可持续"特征的时尚品牌，它们在环保材料研发、可再生包装运用、绿色供应链改革等方面的行动体现了时尚行业走可持续发展道路的坚定决心。"Z 世代"消费者认为品牌应该在设计、生产、销售、回收等各个环节全面推行可持续改革，具体措施包括研发环保材料、使用对环境友好的健康染料、在生产过程中节能减排、推出回收和修补等再利用服务、增加产业链的透明度、引导消费者减少重复购买等。除此之外，这些年轻人还特别关注美妆行业。美妆护肤品属于更新速度快且购买频率高的精细化工类产品，无论是产品本身所使用的化学成分，还是用于吸引消费者的华丽包装，都会给环境带来极大的负担。"Z 世代"消费者希望品牌能采取切实有效的措施改变行业现状，如推出替换装以减少包装浪费、使用对环境友好的天然材料、公开产品成分和原材料来源、实施空瓶回收计划。

通过分析中国"Z 世代"在可持续消费方面的认知、态度和行为，可以发现 4 种特点鲜明的可持续人格，即可持续实干家、可持续购物热、可持续旁观者、可持续局外人。①

"可持续实干家"约占"Z 世代"总人数的 27%，是在理念和行动上最支持"可持续消费"的年轻群体。他们对"可持续"概念有着全面且深入的认识，在实际生活中奉行"可持续"原则，积极参加与可持续发展相关的各类活动。他们都接受过良好的高等教育，不少人有留学经历，在一线城市发展事业，拥有高收入，属于高稳定性的时尚消费人群。他们时刻关注可持续领域的技术进步与发展动态，对品牌所实施的环保举措了如指掌，在消费时比普通人更加理性和理智。他们热衷于环保公益

---

① 《解码中国 Z 世代的可持续消费观》白皮书，VogueBusinessinChina，2022 年 9 月，第 43 页。

事业，乐于分享与"可持续发展"相关的信息，在消费时会优先考虑环境友好型品牌和产品。作为高水平、高认知的"专家型"消费者，他们对品牌的可持续行动有很高的要求，认为各大品牌现阶段的措施大多流于表面，没有通过实质性的效果和反馈真正触达消费者，应当完善产业链，提高可持续发展全过程的透明度。在他们看来，一方面品牌要立足于社会发展的全局，将"可持续"理念融入产业链的各个环节，另一方面个人也要彻底转变旧的观念，从我做起，重视环保，厉行节约，真正实现"可持续消费"。

"可持续购物热"约占"Z 世代"总人数的 28%，是对"可持续消费"最感兴趣、最有激情的年轻群体。他们的教育水平低于"可持续实干家"，但工作热情更高，收入也相当丰厚，有一定的物质基础。这些年轻人以保护环境和减少浪费为宗旨，在日常生活中时刻表现出对"可持续"理念的热忱。他们持续关注环境和生态方面的话题，坚持采用对环境影响较小的出行方式，尽量使用可循环利用的产品。他们对"可持续"概念的理解并不深刻，很容易被不同品牌提出的各种环保创意打动，对贴有"可持续"标签的产品毫无抵抗力。他们拥有强大的"绿色购买力"，不断追逐"可持续"潮流和热点，对环保品牌如数家珍，会第一时间将各种最新的环保单品收入囊中。

"可持续旁观者"在"Z 世代"中数量最多，所占比例达到总人数的33%，是在思想上赞同"可持续"理念、在行动上对"可持续消费"保持审慎态度的年轻群体。他们一般都有良好的教育程度，对"可持续"概念的认知高于普通消费者，但收入处于中等水平，对价格比较敏感，购物时更注重性价比，不会轻易将对环保理念的支持转化为实际的消费行动。他们对"可持续消费"有着清醒的认识：以"可持续"为导向，企业转变发展思路，个人转变消费观念，是大势所趋，但大部分"可持续"

举措仍处于初始阶段或仅停留于表面，无法即时或在短期内看到明显的效果。因此，他们不会主动参与任何"可持续"主题的活动，更不会为了某种使用新型环保材料的产品或某个主打"可持续"理念的品牌而冲动消费。

"可持续局外人"在"Z世代"中数量最少，所占比例只有总人数的12%，是坚守自己的生活习惯和消费态度且对"可持续"概念毫无兴趣的青年群体。他们大多拥有高学历和高收入，习惯使用高质量的产品和享受高品质的服务，只重视自身的体验和感受，极少关注社会层面的各种变化，也不愿意主动去了解新技术和新事物。在他们眼中，"可持续消费"仅限于避免过度消费，并不包括使用环保材料、循环再利用、回收及降解处理、优化产业链等更深层次的举措。这是一群我行我素的年轻人，他们不屑于借助热度高的环保话题融入某个圈层，也不愿意通过追捧某个所谓的"可持续"品牌来刷存在感，而是只想待在自己的一方天地里，保持现有的生活状态，享受富足、精致、舒适的生活。在"可持续消费"问题上，他们的态度十分淡漠，不会从改善地球环境和促进社会进步的高度去考虑自己在消费中应该扮演的角色，是不是"可持续品牌"影响不了他们的消费决策，以"可持续"为卖点的产品或创意对他们也没有任何吸引力。

《解码中国Z世代的香氛经济》白皮书主要分析了中国"Z世代"购买和使用香水香氛产品的偏好与习惯，重点解读五大香水消费人格。①在香水香氛消费方面，"Z世代"除保持对高品质的追求和对新鲜事物的喜爱之外，在个性化的嗅觉审美、个人情感需求表达、社交标签设计等

---

① 《Vogue Business 重磅揭晓〈解码中国Z世代的香氛经济〉白皮书》，"Vogue Business"微信公众号 2023 年 2 月 6 日推文。

方面也有更高的要求。① 作为玩转信息技术和社交媒体的年轻一代，他们不仅将香水作为表现个性和展示自我的重要载体，也通过香水与具有相同或相近喜好的同龄人沟通和交流。

与千禧一代相比，"Z世代"的香水启蒙年龄普遍更小，近一半人在18岁以前就已经拥有人生中的第一瓶香水。随着年龄增长和经济实力变强，他们对精致的香水瓶和迷人的香味愈加痴迷，拥有的香水数量越来越多，对香水的认识也更加深刻。彩妆香水、香氛蜡烛和车载香薰等传统单品是"Z世代"群体购物时的首选，同时他们也乐于尝试液体香薰、固体香膏、香薰灯、扩香石、香薰机、扩香木、线香等新型产品。"Z世代"是最注重自身感受的一代人，他们购买香水香氛产品主要是为了取悦自己：营造特定的氛围、获得感官上的享受、调节自身的情绪是最大的诉求；提高生活品质、自我犒赏、表达个性、彰显品位等也是常见的理由。值得一提的是，"Z世代"对家居香薰类产品情有独钟。他们认为香气缭绕的环境不仅能消除疲劳、舒缓压力和放松心情，还可以打造居家的仪式感与氛围感。卧室、客厅、卫生间和书房是使用香薰产品的主要场所，安全便捷的无火香薰比有火香薰更受欢迎。他们尤其喜欢在卧室这样的私密空间里使用各种香薰产品，强调香薰在减压、助眠、安神等方面的独特作用和效果。整体而言，"Z世代"的经济实力并不雄厚但呈现持续上升的趋势，他们对价格的敏感度比较高，在品牌的选择上也更加多元化：愿意使用性价比高的平价产品，也会攒钱买上几件"贵价货"；对奢侈品大牌的商业香如数家珍，也对小众品牌的沙龙香和本土品牌的东方香兴致盎然。这些年轻人有着强烈的好奇心和求知欲，他们会通过线上或线下的各种渠道了解与香水相关的知识，如香水

---

① 《解码中国Z世代的香氛经济》白皮书，VogueBusinessinChina，2023年2月，第9页。

的前中后调、喷涂和叠喷技巧等。他们当中有很多"香水达人"会根据一年四季的变化和通勤、派对、约会、居家等不同场合的转换选择不同风格的香水或香氛产品。

香水消费与年龄阅历和经济实力息息相关。处于成熟年龄段的消费者往往拥有更丰厚的收入和更优质的社交圈层，对香水品牌和香调的鉴赏能力也更强。通过分析中国"Z世代"消费者对香水和香氛的使用态度、行为习惯、品牌偏好和产品需求，对该群体进行精细化分层，可以总结出5种显著的香水消费人格，即香水冷漠男、品位精英男、新手从众党、中产香水狂和格调品鉴家。①

"香水冷漠男"是对香水缺少认知且购买欲望极低的年轻男性群体。他们大多是学生或初入职场的白领，对时尚潮流并无兴趣，潜意识里认为香水和香氛是女性的专属品，很少使用甚至抗拒使用此类产品。他们偶尔会出于社交礼仪或为了融入某个圈层而少量使用香水，购买时一般会选择性价比高的品牌或规格较小的产品。他们性格内向但不失理性，不喜欢与陌生人沟通，不愿意在线下专柜试用和购买产品，而是习惯在小红书、抖音、微信等网络平台上了解产品信息，直接在品牌官网或正规的电商平台下单。然而，表面的冷漠掩盖不了这些年轻人内心灼热的爱国情怀和强烈的文化认同感，他们对国产品牌抱有天然的好感，常常被主打"国货""国风""东方调性""中式韵味"等概念的产品吸引。此外，由于对品牌的认识不深，他们也很容易受到广告信息的影响，会优先选择知名度更高的国际大牌的产品。

"品位精英男"是对香水有较深的认知且用香风格低调务实的年轻男性群体。他们经过一定的职场历练，形成了成熟的处事方式和社交原

---

① 《解码中国Z世代的香氛经济》白皮书，VogueBusinessinChina，2023年2月，第32页。

则，不会为了融入某个圈层而盲目消费。他们推崇极简商务风，不喜欢
过于张扬的设计，偏爱有调性、有内涵、有品质的香水和香氛产品。不
少人已经步入婚姻，购物时还会将实用性纳入考量。这些年轻人大多
"有房有车"，对生活环境的品质十分重视，几乎人人都购买过车载香
薰，很多人还会在自己的书房里使用家居香氛产品。由于工作繁忙，他
们很少有时间去线下专柜试用和选购香水或香氛，网络社交媒体和知识
分享社区是他们了解各种产品的主要渠道。大部分人会在商务活动、工
作会议、聚餐宴请等正式的社交场合使用香水。他们对产品的香调和留
香时间有很高的要求，会固定使用某一种特定香调的香水，形成个人专
属的气味标志。此外，他们极其看重品牌的口碑和产品的品质，良好的
经济实力让他们在购买香水和香氛产品时颇有底气，也许数量上并不算
多，但必定件件都是精品。

"新手从众党"是对香水的认知有限但紧跟潮流的年轻女性群体。
她们大多是学生或初入职场的年轻白领，想要融入所接触到的社交圈
子，希望在享受购物乐趣的同时也能收获来自集体或圈层的认同。年轻
的她们乐观开朗且充满朝气，深受网络流行文化的影响，时刻关注与时
尚穿搭相关的各类信息，对各种流行元素都充满热情，但并没有形成属
于自己的风格。不少人在 18 岁以前就收到过长辈赠送的香水礼物，很
早就对香氛抱有好感。但她们年纪较轻且用香经历单一，对品牌和产品
的了解不足，在消费时缺乏主见，有明显的从众心理，很容易受亲朋好
友、明星偶像、意见领袖等的影响，对权威推荐和热门款式没有抵抗
力。她们逐渐养成了"出门带香"的习惯，希望通过香味展示自己独特
的个性与品位，会优先购买通勤、约会或逛街时必备的香水类产品，对
家居香氛的关注度不高。她们喜欢探索不同的香调，常常在网络上搜索
当季的流行香，也会对与众不同的小众香心动不已，但最终带回家的往

往还是家喻户晓的大牌经典香。

"中产香水狂"与"品位精英男"的数量相当，是对香水有相当的认知且用香风格狂热张扬的年轻女性群体。她们是独立进取的职场女强人，有良好的经济实力，密切关注时尚潮流与动向，肆意挥洒购物热情，永远是人群中的焦点。她们在香氛产品上的花费远超其他同龄人，除了拥有数之不尽的香水。也疯狂购入其他各种品类的香氛和香薰。她们完全不在乎产品的价格，对奢侈品牌和小众品牌产品的高定价习以为常，永远走在追求更多、更好、更贵的道路上。① 她们偏爱浓郁的花香调，习惯用香味包裹全身，让自己时刻散发出迷人的香气。无论是工作学习还是聚会约会，无论是外出活动还是居家独处，独特的香味就是她们个人魅力的标记。大部分人会在卧室、客厅和书房中使用家居香氛产品。对她们来说，"所在之处香气缭绕"不仅仅是为了营造舒适氛围和满足感官享受，更是已经形成的生活习惯。

"格调品鉴家"是对香水有深刻认知和独到见解的年轻女性群体。她们大多是在职场中打拼多年的专业人士、企业高管或职业经理人，拥有丰厚的收入和相当的话语权。她们集理性与浪漫于一身，在长期的探索中形成了独有的用香习惯和成熟的香水消费观：她们接触和使用香水由来已久，早就过了"赶时髦"的阶段，对五花八门的新创意毫无兴趣，只钟爱历经岁月依然独特鲜活的设计；她们体验过各式各样的香氛产品，早就过了"什么都试一试"的阶段，对层出不穷的新款式态度淡然，只选择符合自己的使用要求和审美喜好的单品。这群年轻人早已把香穿在身上，与香融为一体，为了愉悦的用香感受不惜"一掷千金"。相比于网上购物，她们更喜欢前往线下专柜亲自试香，通过嗅觉感受香味后

---

① 《解码中国Z世代的香氛经济》白皮书，VogueBusinessinChina，2023年2月，第41页。

再决定是否购买。选品的时候，她们最关注香调气味和留香时间，也会格外留意瓶身设计是否具有艺术性和收藏价值。她们希望保持低调和神秘，浓烈鲜明的花香调和果香调过于大众化，清冷的木质调和独特的皮革调才更合心意。她们对产品的品质有着极高的要求，无法忍受粗糙的质感或低劣的气味。此外，她们对品牌也十分挑剔。在她们看来，国际大牌的热门香水几乎"人手一瓶"，商业化痕迹太重，小众品牌的"沙龙香"和"定制香"少有人知，反而更具吸引力。

2022年10月，Vogue Business与天猫奢品（Luxury Pavilion）合作发布了《2022时尚消费趋势报告》，以天猫奢品线上频道的真实用户数据为基础，深入分析了奢侈品网购客群的消费行为及偏好，对时尚行业专家、高净值客户和关键意见领袖等进行了定性访谈。天猫奢品上线于2017年，是覆盖服饰、包袋、珠宝、腕表、美妆和豪华汽车等全品类的高品质生活方式频道，也是国内首个汇集了各大国际奢侈品集团旗下所有头部品牌的主要电商渠道。该频道聚集了大量多元化的中国奢侈品消费者，每个月有近3亿用户在这里与奢侈品牌进行互动，实现浏览、收藏、加购、下单和付款等与消费相关的行为，其中"95后"和"00后"人群的购买增速达到150%，"Z世代"消费者正逐步成为市场的主力人群。① 该报告从生活方式、生活态度和消费观三个维度对网购奢侈品的年轻消费群体进行分类，划分出品质精英、雅致居家、活力青年、时尚引领、潮流追随和数字先锋六个类型。

"品质精英"是年龄在30岁至44岁之间的高知阶层，拥有强大的经济实力，在家庭中掌握重大开销的决策权。他们重视身体健康，追求精神享受，倡导高品质的家居生活方式，不仅会为自己购物，也愿意为家

① 《中国网购奢侈品消费人群2022时尚消费趋势报告》，VogueBusinessinChina，2022年10月，第7页。

庭成员花钱。他们有购买奢侈品的习惯，消费频率高且类型多样，会主动通过网络搜索各种产品信息和各类榜单清单，对品牌推出的新产品颇感兴趣，尤其喜爱设计师品牌。"雅致居家"是年龄在30岁至44岁之间的精致妈妈，她们是家庭日常开销的决策者，能游刃有余地照顾家庭，同时也注重自身形象的管理。她们购买奢侈品主要是为了取悦自己，偏爱大品牌的经典款式，虽然消费频率不高，但敢于入手单价较高的重奢产品。她们喜欢通过短视频了解产品信息，容易被各种介绍和推荐打动。"活力青年"是来自小城市且年龄在25岁至39岁之间成熟男青年。他们重视自身感受，享受个人生活，同时也不忘照顾家人，承担家庭的日常开销。他们对奢侈品牌抱有好感，会尝试大品牌的经典款式，但所购买的奢侈品主要不是自用，而是用于人情往来。"时尚引领"是来自大城市且年龄在25岁至39岁之间的独立女青年。她们具有独特的审美观念和丰富的精神追求，对时尚敏感度极高但绝不随波逐流。良好的经济实力让她们对奢侈品的价格并不十分在意，选择产品时会以自己的心意为标准，也愿意尝试新款式和新设计。对她们而言，关键意见领袖的主张有一定的参考价值，直播带货也有些吸引力。"潮流追随"是年龄在18岁至34岁之间的新世代女青年。她们有广泛的兴趣爱好，追逐时尚潮流，关注明星动态，喜欢参加各种娱乐活动，活跃于不同社交场合。她们的经济实力尚不稳定，会在明星、意见领袖和身边人的影响下购买奢侈品，但消费的频率相对较低。她们看重品牌提供的私域内容和会员权益，热衷于通过直播购物，愿意以分期付款的方式实现高昂的消费。"数字先锋"主要是年龄在18岁至34岁之间的新世代男青年。他们拥抱数字科技，追求沉浸式体验，热爱电子竞技，对使用三维(3D)、增强现实(AR)、虚拟现实(VR)、数字藏品(NFT)等新兴数字技术的产品推广活动满怀兴趣。他们的经济实力有限，但会尝试购买价格相对较低的小件奢侈品赠送给亲朋好友，也会为自己购入轻奢品牌的经典款产品。

从消费的不同品类来看，中国年轻网购人群的时尚偏好与全球时尚产业的流行趋势高度吻合。他们与全世界的年轻人一样，不仅会主动了解潮流发展趋势，还会积极地表达自己的时尚主张。以 2022 年的时尚趋势为例。在服装方面，年轻群体对产品的材质和功能性有很高的要求，女性偏爱都市度假风、新波普印花元素、纯天然环保材料和同色系穿搭，男性青睐无性别设计、复古工装风、沙漏廓形和低饱和度的色彩搭配；在包袋方面，年轻群体有着超强的购买力、多元化的要求和前瞻性的视野，热爱极简主义风格、几何立体感、小尺寸和异形设计，对使用可持续材料的环保产品充满热情；在鞋履方面，年轻群体的喜好与多元化生活场景和社交需求密切相关，"户外热"和"运动热"让运动休闲鞋的热度居高不下，在明星和时尚博主的带动下，穆勒鞋、乐福鞋等厚底宽体款式也颇受关注，奢侈品牌与运动品牌的联名款尤其受到追捧；在腕表方面，年轻群体的消费欲望空前高涨，"无性别风"大行其道，大尺寸、彩色表盘和金钢材质的中性设计广受欢迎；在珠宝首饰方面，年轻群体也表现出惊人的购买力，他们偏爱简约的设计，对以金与钻搭配的纯色款式和带有花卉的图案情有独钟。

青年群体时尚消费的其他视角

珠宝也疯狂

20世纪进入第二个十年，中国经济的飞速发展推动了科技的进步和文化的繁荣，也促进了人民生活水平的提高和消费的升级。青年群体逐步成长为时尚消费的主力军，珠宝消费作为时尚消费的重要组成部分也逐渐走向"年轻化"。年轻人对珠宝首饰的认知不断加深，在珠宝消费方面的需求也更加多样化。

对中国的年轻人而言，上新频率低且周期长的珠宝设计具有传统的魅力，在流行文化的快速更迭中更具有穿透力。① 他们有着很强的自我意识和极高的潮流敏感度，会对产品设计和购物体验提出明确的要求，不盲目追求大牌，偏爱能彰显个性和品位的产品。购买珠宝不再局限于特定的场合或特别的日子，也不是为了取悦他人，而是自我表达、自我激励和自我犒赏。他们习惯在网络上搜索信息和获取灵感，会在一定程

---

① 《独立、不婚、自我的年轻人是如何消费珠宝的？》，"Vogue Business"微信公众号，2020年7月6日推文。

度上受明星和关键意见领袖的启发。他们当中大部分人是独生子女，能够从家庭中获得一定的经济支持，对所购产品的保值性并不太在意，但由于自身收入尚不稳定，所以更倾向于购买国际珠宝大牌中价格相对较低的款式，也乐于接受性价比较高的轻奢珠宝品牌。他们更愿意把珠宝当作日常佩戴的普通饰物，喜欢用不同品牌的产品混搭出属于自己的风格。年轻群体对珠宝消费的热情还带动了线上二手珠宝交易的增长，高性价比的二手珠宝让他们不再囊中羞涩，能更早更快感受到珠宝品牌的魅力。

值得注意的是，依然有一部分高净值的年轻消费者会购买高端珠宝。戴比尔斯集团（De Beers Group）发布的《2020 钻石行业洞察报告》显示，"千禧一代"和"Z 世代"已经成为全球最大的钻石消费群体，包揽了全世界钻石总销量的 2/3。在中国，年轻人对钻石尤为喜爱，其程度远高于其他消费市场。他们欣赏钻石饰品所传递的积极态度，对知名品牌的新颖设计表现出极大的兴趣，也越来越重视产品的道德生产和企业的社会责任。[①] 这些年轻的高端消费者大多经历了由浅入深的购买学习过程：在入门阶段有明显的从众心理，会完全跟随市场制定的规则去消费，主要是受到明星效应的影响或听从导购人员的推荐去购买知名珠宝品牌的经典基础款；随着购买次数的增多，对珠宝市场形成基本认知，他们逐步建立自己独有的审美，会从投资的角度去选择和分辨不同的珠宝品类；经过相当长时间的探索，开始尝试体验感更好的定制方式，一部分人会自己购买原材料，找独立设计师沟通想法并亲自参与设计；另一部分人会选择国际大牌的私人定制服务。[②] 他们不会只忠于某一个品

---

① 《钻石行业洞察报告概要速览》，"De Beers Group 戴比尔斯集团"微信公众号，2020 年 12 月 18 日推文。

② 《高端珠宝：年轻人进入上流社会的敲门砖?》，"Vogue Business"微信公众号，2021 年 2 月 23 日推文。

牌或某一种珠宝，在品类选择上追求新鲜感和个性化，偏爱符合自身风格与气质的独特款式，对大颗宝石镶嵌、花卉和动物式样的传统设计并无好感。他们在购买时会详细了解品牌的历史故事和珠宝背后的意义，也会综合考量产品的材料质地、制作工艺、装饰性和艺术性等，如果购入的是超高端珠宝，还会将限量性和保值性考虑在内。对这些年轻人来说，实体门店依然是购买高端珠宝的最主要渠道，线下购买不仅能亲眼看到实物并亲自试戴，还能享受细致的售前咨询服务、完善的售后保养及维修服务。在新冠疫情的影响下，部分商家还为超高净值人群提供闭店接待、私密一对一预约、上门服务等更尊贵的消费方式。

回归"Y2K"

"Y2K"即"Year 2000 Problem"，又称"千禧复古风"。这一概念的提出最初是针对名叫"千年虫"的计算机病毒。由于千禧年（即 2000 年）以前电脑系统普遍使用两位十进制表示年份，到跨入新世纪时"千年虫"病毒导致日期运算错误，从而使电脑系统出错、混乱甚至崩溃。1993 年至2003 年之间出现的文化潮流现象被称为"Y2K"，表达了人们在世纪之交对未来的憧憬和不安，其核心思想与乐观主义和科技乌托邦相关。

时尚行业对"Y2K"的反应最为热烈，是把这种风潮推向大众特别是青年群体的主要力量。"Y2K"时尚风格的特点是大量运用塑料（PVC）或金属质感的材料，色彩选择大胆丰富且怪异，搭配极具未来感的妆容，打造出既复古又未来的科幻感。这种风格透着一股怪异的时髦感，深深吸引着内心叛逆且对科技时代充满憧憬的年轻人。[1] 二十多年后，受新

---

[1] 《焦虑的 Z 世代在 Y2K 风中找到了归属感》，"Vogue Business"微信公众号，2020 年 7 月 10 日推文。

冠疫情影响，全球范围内经济发展放缓，消费主义盛行，网络和社交媒体对个人生活的影响加深，科技飞速发展引发对个人隐私泄露的担忧，整个社会在科技、文化和经济层面上经历着和千禧年之初同样的情绪变化，人们开始集体怀念繁荣的千禧年，"Y2K"风潮再度来袭。①

从 2019 年到 2020 年，"Y2K"风潮爆发式地席卷了整个时尚圈，并且前所未有地在东西方世界同步发生。当年曾亲身经历千禧时尚潮流的"千禧一代"已经成长为时尚消费的主力军，推动并主导了"Y2K"风潮的回归。而年轻的"Z 世代"正在经历着相似但又更猛烈的经济、科技与文化上的冲击，他们更加热烈地投身到这场潮流之中，将"千禧复古风"推向又一个高峰。2020 年 5 月，美国著名歌手 Lady Gaga 发行了新专辑《Chromatica》，专辑封面和热门单曲《Stupid Love》的音乐短片（Music Video）造型全部使用了高饱和度的芭比粉色，打造出浓烈的科技未来感。2020 年 6 月，韩国著名女子偶像组合 BLACKPINK 发布回归海报《How You Like That》，使用高饱和度的荧光底色和镭射耳饰搭配金属感妆容，未来感十足。2020 年 5 月，在中国的热门综艺《乘风破浪的姐姐》第一季中，参赛选手朱婧汐首演时身穿绿色 PVC 机械风长裤搭配金属环颈饰，完美演绎了 Y2K 风格女团的科技浪漫感。不论在哪个地域，潮流领导者所展现的"Y2K"风格的装扮都受到了年轻消费群体的关注与追捧。各大时尚品牌也闻风而动，它们对"Y2K"的诠释不再停留于用科技元素表达科幻感，而是走向了更深层次的探索。迪奥（Dior）与日本著名艺术家空山基合作，在 2019 年早秋男装秀场外特别打造了"性感机器人"（Sexy Robot）装置，曲线苗条的巨型模特配上冰冷闪亮的钢铁外表，完美表达出复古未来主义的内涵。巴黎世家（Balenciaga）在 2020

---

① 《千禧时代的"坏品位"为何让当下的人们如此着迷?》，"WWW 国际时尚特讯"微信公众号，2020 年 11 月 30 日推文。

年夏季系列成衣的广告视频中将真实环境与数字技术制作的虚拟场景相融合，打造时空交错的视觉效果。此外，范思哲（Versace）在 2021 春夏系列中大量运用了荧光色，路易·威登（Louis Vuitton）的 2021 秋冬男装系列和博柏利（Burberry）的 2021 春夏系列都不约而同用到了银色系的金属元素，华伦天奴（Valentino）从 2022 秋冬系列开始全面打造独创的高饱和度粉色 Pink PP 系列。所有年轻的消费者都在这场回归的"Y2K"风潮中找到了自己的位置，"千禧一代"获得了归属感，而"Z 世代"也得到了参与感。

宠物也时尚

　　身处大都市的"千禧一代"和"Z 世代"，努力适应快节奏的生活，承担巨大的工作压力，习惯了人与人之间的疏离与淡漠。他们发现寄情于宠物是一种有效的疗愈方式，能够填补信任感的缺失、缓解内心的孤独，于是许多人当上了勤劳的"铲屎官"，"云养狗""云吸猫"也成为潮流。① 尤其是在疫情期间，年轻的主人们与宠物共处的时间增加，感情日益深厚，关系也更加密切，他们把宠物当作亲人，想要给宠物最好的照顾，喜欢把宠物打扮得漂漂亮亮带出门，甚至愿意与宠物一起尝试"亲子装"，希望通过精心装扮宠物来展示自己的个人风格与魅力。时尚大牌们从中看到了无限商机，纷纷涉足宠物用品行业，法国奢侈品牌爱马仕（Hermès）、路易·威登（Louis Vuitton）、圣罗兰（Saint Laurent），意大利奢侈品牌芬迪（Fendi）、普拉达（Prada）、葆蝶家（Bottega Veneta），美国奢侈品牌蒂芙尼（Tiffany & Co.），英国奢侈品牌博柏利

---

　　① 《时尚的下一个亿万级风口，画风很可爱》，"Vogue Business"微信公众号，2021 年 2 月 2 日推文。

(Burberry）等，都推出了宠物服装、配饰和日常用品，为宠物提供全方位的呵护。

2022 年 5 月，路威酩轩集团(LVMH)旗下的奢侈品牌思琳(Celine)推出了首个奢华宠物生活方式系列产品，包括项圈、牵引绳、旅行袋、玩具、零食包、喂食碗等多个品类的宠物用品。该系列的产品全部采用印有品牌标志性老花图案的 Triomphe 帆布材料和深色小牛皮制作，充分利用了品牌在皮革制作方面的经验和优势。品牌创意总监还让自己的爱犬出镜为产品拍摄了宣传广告。2022 年 7 月，开云集团（Kering）旗下的头部品牌古驰(Gucci)推出了首个高端宠物生活方式系列产品，包括服装、牵引绳、项圈、餐具、随身包袋、迷你家具等近 80 种宠物用品。其产品设计中融入了品牌的各种标志性元素，如草莓印花条纹、心形图案、红绿织带、双 G 印花等。设计师不仅在不同品类的产品中做了对应的材质与图样的设计，方便宠物的主人进行成套搭配或创意混搭，还在最新的女装系列中运用了同样的花色与图案，让宠物的主人能够购买同款，与宠物搭配"亲子装"。该系列的产品全部采用再生聚酯纤维、再生棉和独有的创新可持续材料 Demetra 制作，完全符合品牌的环保承诺和可持续发展战略。除调动内部的创意资源和自有的工艺技术之外，奢侈品牌也尝试与专业的宠物用品公司合作，共同打造宠物服饰和用品。[1] 2017 年至 2020 年，意大利高端羽绒服品牌盟可睐（Moncler）与意大利高端宠物服装品牌 Poldo Dog Couture 合作，推出了专为宠物犬打造的胶囊系列羽绒服和配饰。2022 年 5 月，德国奢侈品牌雨果·博斯(Hugo Boss)与爱尔兰高端宠物用品公司 Kanine 签订合作协议，共同设计、生产和销售针对宠物犬的服装、配饰、玩具和家具等。

---

[1] 《从 Gucci 的猫窝到 Celine 的狗粮碗，奢侈品牌为何纷纷闯入宠物世界？》，"华丽志"微信公共号，2022 年 7 月 11 日推文。

时尚爱占星

占星术，又称星象学，是用天体的相对位置和相对运动来解释和预言人的行为和命运的系统性理论，其主要呈现形式有星座、星盘、塔罗牌等。随着时代的发展和科学的进步，占星术更多地被视为一种文化现象，成为当代流行文化的一部分。① 青年群体对无形、精神、神秘、幻想等怀有天然的兴趣，当面对工作和生活的重重压力时，许多人会通过占星寻求精神安慰和方向指引。尤其是了解互联网和数字技术的"Z 世代"，他们在感到孤独和焦虑时习惯在网络上搜索与占星相关的内容并通过社交媒体分享和传播，希望能在一定程度上解决心理问题进而探求真实的自我。在疫情影响下社会秩序发生较大的变化，也让他们更急切地想要寻找逃避的空间和情绪的出口，渴望通过预测未来获得心灵上的慰藉。

占星术与时尚之间存在微妙的关联。其一，占星术以行星的移动变化为基础，时尚会随着季节变化，二者都具有周期性；其二，占星术的核心是展望未来，时尚会对未来的流行趋势进行预测，二者都具有前瞻性；其三，占星术大量运用符号，时尚设计中也喜欢采用符号元素，许多设计师还会从代表星座和行星的占星符号中汲取灵感。事实上，时尚圈与占星术早有交集。法国奢侈珠宝品牌梵克雅宝（Van Cleef & Arpels）在 20 世纪 50 年代将十二星座符号刻在金质吊坠上，打造出首批以占星元素为主题的珠宝——星座（Zodiaque）系列，并在此后的七十多年间将其作为经典设计保留下来。迪奥（Dior）的创始人克里斯

———————

① 《爱占星的年轻人给时尚品牌带来什么启示？》，"Vogue Business"微信公众号，2022 年 3 月 22 日推文。

汀·迪奥（Christian Dior）先生是神秘主义的支持者，他将占星元素融入作品，创作出幸运星（Bonne étoile）、星座（Horoscope）、纸牌占卜师（Cartomancienne）等经典图案。迪奥的历任创意总监也都在自己的作品中以不同的方式向经典致敬。直到今天，最新一季的产品设计中依然可以见到星座印花（Zodiac Print）图案的身影。法国奢侈品牌香奈儿（Chanel）在讲述品牌历史时始终强调其创始人嘉柏丽尔·香奈儿（Gabrielle Chanel）对狮子的热爱。狮子座不仅是香奈儿女士的守护星座，更是其创作灵感的来源，她在自己设计的作品，如西装纽扣、手袋转扣、珠宝配饰中大量运用了狮子图案。时至今日，狮子已成为香奈儿的精神化身，品牌也围绕这一元素不断地推陈出新：2013 年的"Sous le Signe du Lion"高级珠宝系列，用头像、马赛克、徽章和雕塑等四种风格打造立体鲜明的狮子造型，展现尊贵奢华之美；2018 年的"l'Esprit du lion"臻品珠宝系列在链条、手镯和项圈上以简洁优雅的方式呈现狮子的王者风范；2021 年的狮子限定口红系列，在金色的口红盖帽上呈现狮子浮雕图案，表达自我主宰和永恒守护的寓意。

在中国，占星爱好者与时尚消费人群高度重合，绝大部分生活在北京、上海、广州等经济更发达的地区，以女性为主，平均年龄在 18 岁至 35 岁之间。这个年轻群体不仅关注和追捧各大品牌推出的包含占星元素的设计，也会在经济实力所及的范围内购买相关的服装、鞋履、首饰等时尚产品。占星术强调佩戴特定的首饰能起到安抚、守护、改运等作用，主打此类功能的时尚单品吸引了众多年轻人的目光，特别是在疫情期间，水晶、玉石等象征着治愈能力的珠宝首饰大受欢迎。此外，他们还对占星与时尚相结合的创意和服务饶有兴趣。范思哲（Versace）、香奈儿（Chanel）、蔻依（Cholé）等奢侈品牌都曾与占星师合作，从星座和占卜的角度推荐时尚穿搭的方法，日本快时尚品牌优衣库（Uniqlo）于

2018 年在线上推出了数字购物助手服务，根据不同消费者的星座运势推荐合适的服饰单品和风格搭配，收获了大批年轻客户。

运动更有型

进入新世纪，奢侈品牌以前所未有的热情投入体育圈，不仅与体育明星、热门球队等展开合作，频繁出现在各种体育赛事中，还积极开发运动系列产品线，倡导时尚与运动相结合的着装理念。

2021 年 8 月，意大利顶级羊绒奢侈品牌诺悠翩雅（Loro Piana）与意大利尤文图斯（Juventus）足球俱乐部达成合作，在 2021—2022 赛季为球队打造了两套官方场合专属着装：一套以经典琥珀色长袖棉质 Polo 衫搭配定制款型棉质裤装，另一套以经典款棉质衬衣搭配羊毛开衫和羊绒丝绸混合面料的无内衬夹克。2022—2023 赛季，品牌再次与斑马军团携手，不仅为男队设计出席正式场合的定制款西装，还首次为女队打造集优雅感、舒适性和功能性于一身的运动制服。2021 年 9 月，迪奥与巴黎圣日尔曼（Paris Saint-Germain）足球俱乐部签订为期两年的合作协议，由男装创意总监金·琼斯（Kim Jones）主导设计球队的官方制服。2021—2022 赛季，品牌为球员们打造了西装夹克、羊绒外套、衬衣、长裤等全套正装，同时提供 Harrington 夹克、针织毛衣和 Polo 衫等休闲装。2022—2023 赛季，迪奥以黑色、海军蓝和白色为主色调，沿用经典的设计和利落的剪裁，为球队的每一位球员量身定制西装，搭配绣着品牌经典蜜蜂图案的白衬衫、饰有球队标志和品牌首字母"CD"的羊绒大衣和 Dior Explorer 黑色皮革德比鞋。广告宣传片由核心球员莱昂内尔·梅西（Lionel Messi）、内马尔（Neymar）和基里安·姆巴佩（Kylian Mbappé）出镜拍摄，优雅、精致和低调的风格获得一众好评。值得一提的是，在 2022 年北京冬季奥林匹克运动会上，一些时尚品牌为各个国家的体育代表团设计了专属的赛事服和颁奖服，例如中国代表团的服装来自时尚运动品牌安踏，法国代表团的服装来自时尚运动品牌乐卡克（Le Coq Sportif），意大利代表团的服装来自奢侈品牌阿玛尼（Armani），韩国代表团的服装来自时尚运动品牌乐斯菲斯（The North Face，又称"北面"）。各国运动员在开幕式和比赛赛场上的着装在社交媒体上引起了热烈的讨论，尤其受到全世界热爱冰雪运动的年轻人欢迎。

2022 年初，意大利奢侈品牌芬迪（Fendi）采用冷灰、雪白、婴儿蓝和冰蓝等体现冬季氛围的冷感色调，将简洁的廓形与高科技制作工艺相结合，打造出冬季运动限定系列产品。同时，品牌还在长白山国际旅游度假区开设快闪空间和限时咖啡店，为滑雪爱好者提供具有科技感和时尚美学的沉浸式运动及消费体验。2 月初，意大利时尚品牌缪缪（Miu Miu）推出"Work Out"运动配饰胶囊系列，包括瑜伽垫、瑜伽砖、健身包、拳击手套和水壶等。产品以柔和的粉色为底色，搭配白色字母和黑色可调织带，深受热衷于运动和健身的都市年轻女性欢迎。8 月底，美国品牌拉夫·劳伦（Polo Ralph Lauren）在美国网球公开赛期间推出了官方球场制服和球迷专享纪念款服饰。纪念款产品在比赛现场、品牌授权门店和品牌官方网站同步发售，以橙、绿、蓝等亮色为底色，加入醒目的品牌标志，经典的 Polo 衫由回收塑料加工而成的纱线制作而成，独特的环保创意吸引了大批关注可持续发展的年轻人。9 月，迪奥品牌推出了由女装创意总监玛丽亚·格拉齐亚·基乌里（Maria Grazia Chiuri）设计的"DIORALPS"女式滑雪服系列。该系列以著名冬季运动胜地阿尔卑斯山命名，将高科技面料与品牌经典设计元素相结合，打造兼具动感与优雅、复古与时尚的滑雪装扮，受到大批年轻女性滑雪爱好者追捧。

奢侈品牌还不断探索跨界的可能性，与运动品牌合作推出联名款设计。早在 2001 年，香奈儿（Chanel）就与美国运动品牌锐步（Reebok）合作设计了"Chanel × Reebok Instapump Fury"联名球鞋。这款灰白配色的球鞋是最早的跨界联名鞋款，在全球范围内仅发售 150 双，成为球鞋收藏家求而不得的无价之宝。十几年以后，由奢侈品牌与运动品牌合作推出的联名鞋款越来越多，时尚与运动的界限逐渐被打破。2017 年，香奈儿的创意总监卡尔·拉格菲尔德（Karl Lagerfeld）携手美国著名歌手法瑞尔·威廉姆斯（Pharrell Williams），与德国运动品牌阿迪达斯（Adidas）联名设计了"Chanel × Adidas × Pharrell"球鞋。这款鞋将阿迪达斯运动经典系列（Adidas Originals）的核心设计元素与香奈儿的黑白经典配色融为一体，白色鞋底搭配绣有"PHARRELL"和"CHANEL"字母的黑色鞋面，全球限量发售 500 双，吸引了 12 万人在线预约购买。2018 年，意大利奢侈品牌芬迪（Fendi）联手意大利运动品牌斐乐（Fila）发布了秋冬限量合作系列，包括男装、女装、包袋、球鞋、配饰等各种品类。苏格兰插画和新媒体艺术家 Hey Reilly 将"Fila"标志性的字母"F"与"FENDI ROMA"字母相结合，为该系列设计了颇具潮流感和趣味性的标志，收获了大批年轻的支持者。2019 年，法国奢侈品牌巴尔曼（Balmain）与德国运动品牌彪马（Puma）联合推出"PUMA × BALMAIN"联名系列，包括球鞋、成衣和配饰等，以传统的拳击装备为灵感，注入巴黎高定时装的精粹，用鲜明的配色设计搭配奢华的金色点缀，呈现运动与时尚的完美交融。① 2020 年，迪奥（Dior）与耐克（Nike）旗下的运动鞋品牌乔丹牌（Jordan Brand）在 2020 年合作推出"Dior × Air Jordan 1"联名球鞋，保留 Air Jordan 系列的经典外型设计和双翼标志，在侧边的"双勾"（Nike Swoosh）中加入迪奥标志性的 Oblique 印花，鞋舌处用"DIOR AIR"代替

---

① 《PUMA × BALMAIN，我们就是未来》，"PUMA"官方微信公众号，2019 年 11 月 20 日推文。

原本的"NIKE AIR"。这款球鞋全球限量生产 13000 双，以抽签的方式公开发售 8000 双，全世界超过 500 万人参与，最终中签率不足 0.2%，价格从官方指导价 2000 美元一路上涨到 38000 美元，引爆了整个时尚圈，成为有史以来最受年轻人欢迎的跨界爆款。2021 年 11 月，品牌路易·威登（Louis Vuitton）在 2022 春夏男装大秀上发布了 47 款与美国运动品牌耐克（Nike）合作的联名球鞋。其男装创意总监维吉尔·阿布洛（Virgil Abloh）将耐克球鞋的经典元素与自己独特的设计语言相融合，选用优质的皮革材料，在位于意大利威尼斯的专属制鞋工坊精心打造每一款球鞋。2022 年 6 月，以"空军一号"系列为代表的 9 款联名球鞋在品牌的官方购物平台限量发售，受到年轻消费者热烈追捧，迅速被抢购一空。2022 年 2 月，意大利奢侈品牌古驰（Gucci）在 2022 秋冬时装秀上发布了"Adidas × Gucci"联名系列。品牌创意总监亚力山卓·米开理（Alessandro Michele）将德国运动品牌阿迪达斯（Adidas）标志性的"三道杠"符号运用到高级成衣的设计中，打造出一系列复古运动风格的时尚单品，在网络社交媒体上引起热议，尤其受到年轻群体的关注。

潮牌时代

在当下被社交媒体掌控行业的大环境中，拥抱街头风格是吸引以"Z 世代"为代表的新消费群体的制胜法宝。近几年，各大奢侈品牌纷纷与街头潮牌合作，推出联名系列产品。具有鲜明街头风格的联名款在造型和式样上更符合年轻人的喜好，相对不高的价格也更容易被年轻人接受，成为年轻人认识奢侈品牌的"敲门砖"。

2017 年初，法国奢侈品牌路易·威登率先打破了奢侈品牌与街头品牌之间的壁垒。时任男装创意总监金·琼斯（Kim Jones）在 2017 秋冬男装大秀上宣布与美国街头潮牌 Supreme 达成官方合作，共同发布"Louis Vuitton ✕ Supreme"联名系列。这个系列的产品选取优质的皮革材料和纺织面料，采用两个品牌各自具有代表性的棕金配色和红白配色，将 Louis Vuitton 经典的 Monogram 老花图案与 Supreme 签名式 Box Logo 融为一体，包括旅行箱、手袋、收纳袋、腰包、钱包、外套、卫衣、围巾、腰带、帽子、手套、墨镜、钥匙扣、手机壳、滑板等各种时尚单品。最著名的奢侈品牌与最出色的街头潮牌实现史无前例的跨界合作，轰动了整个时尚圈，不仅得到业内人士的广泛关注和积极评价，也成功地吸引了具有创新意识和多元化需求的年轻消费者。从此以后，"街头服饰不再是小众爱好，时尚奢侈品牌也不再只属于富裕阶层"①。2018 年，著名黑人艺术家维吉尔·阿布洛（Virgil Abloh）成为路易·威登新一任男装创意总监。他是街头潮牌 Off-White 的创始人，拥有建筑行业的从业经历，擅长使用图形符号和对实物进行后现代解构。他将年轻人想要用品牌标志表达"符号消费"理念的特点无限放大，在老花、棋盘格等标志性的图案中融入具有街头感的链条、涂鸦等元素，创造出令人耳目一新的作品。在他的带领下，品牌一改往日遥不可及的形象，更加积极地拥抱年轻潮流的街头文化，产品设计和叙事方式变得更加包容，增添了许多新创意和新趣味。

同样是在 2018 年，金·琼斯转投同属路威酩轩集团旗下的另一头部奢侈品牌迪奥（Dior），担任男装创意总监。他在新东家主导的首个男装系列中并没有直接与某一个潮牌合作，而是邀请潮牌爱好者们所熟知的设计师参与创作，例如美国服装潮牌 1017 ALYX 9SM 的主理人马修·威廉姆斯（Matthew Williams）设计腰带、帽子等配饰上的扣子，日

---

① 《Louis Vuitton ✕ Supreme 开创历史，这一切究竟从何开始?》，"Jing Daily 精奢商业观察"微信公众号，2021 年 12 月 17 日推文。

本饰品潮牌 AMBUSH 的设计师 Yoon Ahn 打造珠宝首饰，街头潮牌 OriginalFake 的创始人考斯（KAWS）对迪奥标志性的蜜蜂标志进行二次创作。2019 年 12 月，迪奥在 2020 早秋男装大秀上发布了与美国殿堂级潮牌斯图西（Stüssy）的创始人肖恩·斯图西（Shawn Stüssy）合作的联名系列，包括印有涂鸦风格"DIOR"字母标志的白色帽子、黑色 POLO 衫和黑白配色头巾，街头感十足的几何印花灰色 T 恤，以及印着金·琼斯本人头像的白色 T 恤，下面用涂鸦风格的字体写着"我要和迪奥一起震惊全世界"（I Want to Shock the World With Dior）。斯图西不仅用其标志性的涂鸦手法对"DIOR"字母标志进行了再创作，还将整个秀场设计成梦幻的冲浪场景，通过调节色彩和明暗度形成的奇妙的光影变化，完美呈现高级时装的质感与美感。

在路易·威登和迪奥的影响下，拉夫·劳伦（Polo Ralph Lauren）、普拉达（Prada）、盟可睐（Moncler）等奢侈品牌也开始尝试与潮牌合作，推出限量单品或联名款式，希望能吸引更多年轻的时尚消费者。然而，成功是无法复制的。类似的合作越来越多，雷同的理念和相似的风格很快让年轻人失去新鲜感甚至产生审美疲劳。尤其在后疫情时代，全球经济进入衰退期，年轻群体的收入受到影响，消费实力明显下降。他们对奢侈品牌的认知并未减少，但已经不愿再一掷千金，而是倾向于更理性的消费。为了抓住核心消费人群以获得稳定的增长，各大奢侈品牌纷纷回归传统，打磨经典，强化传承，曾经重金打造的潮牌路线仿佛一夜之间消失得无影无踪。

第三章

时尚品牌的"年轻化"策略

势如破竹的数字化

2017 年下半年，全球知名的德勤管理咨询公司发布了《2017 全球奢侈品力量报告》。报告指出，中国奢侈品消费市场呈现明显的年轻化趋势，以"千禧一代"和"Z 世代"为代表的新一代年轻消费者正逐步成为时尚消费的主力人群，新兴的数字化媒体成为获取时尚信息的重要渠道。"千禧一代"消费者通过线上渠道购买奢侈品的占比达到 42%，通过数字化媒体获取时尚信息的比例达七成以上。① 时尚行业的发展越来越依赖电子商务平台和网络社交媒体，时尚品牌与数字技术的关联也越来越紧密。3D 打印(3D printing)、人工智能(Artificial Intelligence)、增强现实(Augmented Reality)、虚拟现实(Virtual Reality)、元宇宙(Metaverse)等新一代数字化技术的发展为时尚行业带来颠覆性的变革。

一、数字化门店

在时尚行业，门店不仅是售卖产品的场所，更是强化客户对品牌的认知和塑造品牌良好形象的第一战场。为了吸引并留住顾客，越来越多

① 《2017 全球奢侈品力量报告》，德勤信息咨询，2017 年 8 月，第 8 页。

时尚品牌运用先进的数字技术手段对门店进行数字化升级。

第一，打造先进的数字装置或数字平台，全面展示产品信息并提供造型搭配、款式选择、使用方法等方面的建议。早在 2015 年，快时尚品牌优衣库(Uniqlo)就在澳大利亚悉尼多家门店中推出了"UMood"脑波分析装置，通过分析顾客观看特定图片时的情绪变化情况推荐最合适的 T 恤款式。这种新颖的交互式设计不仅大大缩减了从选择到决策的时间，也营造出更轻松、更有趣的购物氛围，尤其受到年轻消费者欢迎。2018 年 1 月，快时尚品牌 Zara 在伦敦概念店的试衣间内设置了智能信息屏，顾客只需扫描产品上的条形码，屏幕上就会显示产品信息并给出相关的服饰搭配建议。2018 年底，美妆零售品牌丝芙兰(Sephora)与科技巨头谷歌(Google)公司达成合作，在美国境内多家门店配备免提式交互视频流媒体设备 Home Hub。顾客只需发出语音指令，就可以在该设备上观看丝芙兰在 YouTube 社交平台上发布的所有美妆教学视频，还能即刻在门店内购买视频中所提及的美妆产品。

2019 年 5 月，法国路威酩轩(LVMH)奢侈品集团携手科技巨头微软(Microsoft)和区块链技术公司 ConsenSys，打造了区块链认证平台 Aura，为消费者提供产品信息查询和来源追溯服务。首批应用于路易·威登(Louis Vuitton)品牌的全线产品和迪奥香水产品线(Parfums Christian Dior)，逐步向集团旗下所有品牌开放。通过这个平台，顾客可以追踪每一件产品背后的所有信息，从选料、制作到运输、销售，再到维修、保养和转售，任何一个环节都不遗漏。奢侈腕表品牌江诗丹顿(Vacheron Constantin)与科技公司 Arianee 合作，使用基于区块链技术的认证流程，为 Les Collectionneurs 系列古董腕表提供防伪数字证书，确保每一件产品整个生命周期的真实性和可追溯性。

2019 年 11 月，拉夫·劳伦集团(Ralph Lauren Corporation)宣布与物

联网平台 Evrythng 合作，将"数字产品身份"（Digital Product Identity）技术用于旗下品牌 Polo 的全线产品。每一件产品的标签上都印有一个识别码，手机扫码后不仅能验证产品真伪和查询详细信息，还能获取相关的造型搭配建议。运动品牌阿迪达斯（Adidas）与数字科技公司 Eyecandylab 合作开发了一款名为"For The Ocean"的手机应用，配合宣传"海洋塑料回收计划"。打开应用，初始界面上一条巨大的鲸鱼困在海面四处漂浮的塑料垃圾中，表明保护环境刻不容缓。顾客在手机上进行简单的操作，就可以体验"回收塑料垃圾——制成塑料颗粒——纺成纱线——做出新运动鞋"的全过程。水晶制造商施华洛世奇（Swarovski）在意大利米兰打造了全球首家"水晶工作室"（Crystal Studio），顾客可在定制专区 Sparkle Bar 使用平板电脑登录线上社区，获取关键意见领袖提出的搭配建议和时尚达人分享的搭配心得。同一时期，在第二届中国国际进口博览会上，高端美妆品牌娇兰（Guerlain）展出了一款头戴式传感器，能够识别顾客在闻过不同香水后的情绪变化，分析其用香偏好并推荐合适的产品款式。珠宝品牌宝格丽（Bvlgari）则推出了手机应用 Bvlgari Touch，顾客下载应用后，将手机靠近产品内置的芯片，就可以获得关于产品的专属信息和相关搭配建议。

2019 年 12 月，运动品牌耐克（Nike）推出了拥有区块链技术专利的运动鞋。顾客购买一双运动鞋会同时拥有唯一的身份编码、数字加密货币钱包中对应的数字版本以及一个基于区块链平台 Ethereum 的 NFT 数字标志，可用于查询与产品相关的各种信息、验证产品的真实性、追踪产品的所有权。

第二，打造虚拟互动场景、设计虚拟试用装置、安装自动售卖机，为顾客提供便捷快速的沉浸式购物体验。早在 2015 年，美国高端时装品牌汤美·费格（Tommy Hilfiger）就与荷兰 WeMake VR 科技公司合作，在纽约第五大道旗舰店内开展 VR 体验活动。顾客戴上 Gear VR 眼镜后可以 360 度沉浸式观看 2015 秋季时装秀的现场实况和幕后花絮,如看到喜欢的款式也可以直接在门店试穿和购买。2016 年 7 月,瑞士高级珠宝腕表品牌伯爵(Piaget)与数字内容服务商 Unit9 合作推出 VR 运动体验项目,为新款 Polo S 系列运动腕表做宣传。顾客戴上 Google Cardboard 头盔后,立刻"化身"为马球运动员进入赛场,参加一场精彩的比赛。2017 年 12 月,加拿大高端户外品牌始祖鸟(Arc'teryx)在北美地区的线下门店同步推出 VR 体验项目"Hut Magic"。借助 Google Jump 和虚拟现实技术,让顾客"进入"真实的冰雪世界,在雪地中自由滑行,在小屋中享受美食,与不同的人交流互动,体验节日的温暖氛围。

2018 年 4 月,西班牙快时尚品牌 Zara 在全球一百多家门店推出了"增强现实(AR)体验服务"。顾客打开"Zara AR"应用,指向店内特定的窗口或传感装置,就能看到虚拟模特身穿 Zara Studio Collection 限量款产品,可以在线浏览、交流和讨论,线下试穿后也可以选择在线购买和支付,拍摄照片后还可以"一键"分享到社交媒体上。2018 年 9 月,国际美妆零售品牌丝芙兰(Sephora)与美图公司合作,在丝芙兰上海概念店专属试妆区放置了一台"虚拟试妆魔镜",提供跨品牌、跨品类的虚拟试妆服务。顾客打开魔镜后可以选择不同品牌的唇膏、眉笔、睫毛膏、眼线、眼影、腮红、粉底等面部美容产品,在虚拟人像的唇、眉、眼、脸等部位尝试各种妆容。此外,魔镜还可以根据顾客的个人情况给出适合的妆容建议并教授相关的化妆课程。

2019 年 4 月,高级美妆品牌娇兰(Guerlain)联合数字科技公司 Voir Inc 推出了一款彩妆试色应用程序,可以通过手机下载使用或直接到线下门店体验。这款基于增强现实技术的程序不仅能够精细扫描并精确校准面部的每一处细节,呈现近乎真实的试妆效果,还具有介绍产品信息、传授化妆技巧、分享使用心得和创建虚拟妆容等功能。2019 年 8 月，时尚运动品牌彪马（Puma）在纽约第五大道旗舰店内举办模拟运动体验活动。速度爱好者坐进赛车模拟器，就可以与品牌大使刘易斯·汉密尔顿（Lewis Hamilton）和马克斯·维斯塔潘（Max Verstappen）一样，驾驶最先进的 F1 赛车，在专业级别的赛道上驰骋。球迷们戴上足球赛场模拟器，就可以试穿最新款的运动鞋，与品牌大使安托万·格列兹曼（Antoine Griezmann）和罗梅卢·卢卡库（Romelu Lukaku）同场竞技。在 2019 年 11 月举行的第二届中国国际进口博览会上，珠宝品牌尚美巴黎（Chaumet）在展台上安装了一台 AR 戒指试戴装置，只需要把手放在机器上，选择中意的款式和尺寸，电子屏幕上就会显示手戴戒指的图像，还可以保存和打印。这种方式使顾客能够在更短时间内试戴更多款式，也解决了在公众场合展示贵重首饰的风险问题。珠宝品牌宝格丽（Bvlgari）则展出了一台名为"造梦机器"（Bvlgari Dream Machine）的珠宝售卖机。顾客可以在机器上测出自己的戒圈尺寸并虚拟试戴各种首饰产品，遇到心仪的款式可以直接下单付费并当场拿到实物。品牌方表示未来会将这款机器投放到更多实体场景中，还会支持更多线上支付方式，以适应数字化程度较高的中国市场。2019 年 12 月，奢侈品牌香奈儿（Chanel）与时尚电商平台发发奇（Farfetch）合作进行"明日商店"（Boutique of Tomorrow）项目，在法国巴黎康鹏街（Rue Cambon）旗舰店二楼设置了四间配有"数字穿衣镜"的试衣间。顾客可以通过镜子观看秀场实况和各种活动的视频，迅速查找目标产品并获得有效信息。店员无需多次取货，可以直接在镜子上展示产品的细节或删除顾客不喜欢的单品。新颖有趣且细致周到的数字服务体验不仅受到顾客的热烈欢迎，也得到店员的广泛支持。高端户外服饰品牌加拿大鹅（Canada Goose）在加拿大多伦多开设"零库存"零售概念店，店内设有一条由数字玻璃面板铺设而成的通道，脚踩上去会触动感应装置，产生冰裂的效果。还有一间"冰室"（Cold Room）试衣间，四周用数字幕墙模拟冰雪场景，地板上堆积着真正的雪，温度达到零下 20 摄氏度，能让顾客亲身体验在严寒环境中穿上该品牌防寒服的效果。

2020 年 4 月，奢侈品牌迪奥（Dior）推出了虚拟美妆店，将巴黎香榭丽舍大街上的美妆旗舰店原封不动地复刻到线上，设置了入口、香水区、香薰区、洗护用品区等多个可探索的场景。顾客只要登录网址就可以随时进入店内，点击不同产品可以看到相关的宣传视频、文字介绍和购买链接，收银台背后的虚拟电子屏上播放特定的宣传片。整间虚拟门店的主题会根据不同场合和需求进行更换，与线下门店保持一致。专业美发品牌巴黎欧莱雅沙龙（L'Oréal Professionnel）与 AR 科技公司 Modiface 联合开发了虚拟染发试色应用"Style My Hair"。在这款应用上，顾客首先进行性格及肤色测试，回答关于妆容偏好、饮食习惯、生活方式等方面的问题并拍摄正面照片，然后从推荐的发色中选择中意的一款，调整染发部位和漂染程度，进行 AR 虚拟试色。该应用不仅可以实现全染色、渐变染色、挑染色、发根染色等不同效果，还支持对染发前和染发后的情况作对比，集真实性和趣味性于一体，颇受年轻客户欢迎。2020 年 5 月，大众美妆品牌美宝莲纽约（Maybelline）在上海的潮玩概念店中安装了一台数字试妆机（Make Up Studio）。这台设备配有先进的人工智能粉底适配器，能够全景扫描人像及周边光源，经过分析后智能推荐粉底色号。顾客可以扫描店内产品小样上的芯片获取产品信息，也可以直接在机器上选择款式，完成虚拟试妆后直接勾选产品并在线支付，最后到柜台提取实物。

第三，打造先进的查询系统和高效的沟通平台，提供个性化的物流及客户服务。从 2016 年起，快时尚品牌优衣库（Uniqlo）就开始在中国市场探索数字化销售模式，在全国范围内逐步将线上与线下的产品库存打通，实现官方网站、微信小程序、天猫旗舰店等线上销售渠道与线下700多间门店联动，为顾客提供"线上下单退单，线下提货换货"便捷服务。2018年，优衣库得到科技公司谷歌的技术支持，在官方手机应用程序的人工智能客服模块中植入 Google Dialogflow 对话界面，打造了 AI 购物助手"Uniqlo IQ"。它不仅能帮助顾客搜索产品信息、查询库存情况、了解流行资讯，还能推荐产品和穿搭方案、线上下单付款、解答与购物相关的各种问题。

2017年5月，美国时尚品牌蔻驰（Coach）在中国市场推出了 WeClient 会员管理系统，旨在更好地维护品牌与客户之间的关系。该系统详细记录了顾客的个人信息、购买行为和时尚偏好，店员可以此为依据向顾客提供更有针对性的专属服务，如专业的产品推荐、贴心的生日祝福和节日问候、及时的保养提醒等。顾客无需下载专门的应用程序，通过品牌官方微信小程序中的"专属顾问"功能就可以与店员保持联系，第一时间获取产品信息、库存信息和活动信息，甚至可以要求提前购买和留货。

2018年1月，快时尚品牌 Zara 在位于英国伦敦的概念店推出"线上下单、线下提货"服务。顾客在开放式门店中随意试穿产品，通过自助终端设备查询商品信息和库存，在线下单并确认付款，最后在柜台取货，整个过程中也可以向手持移动设备的销售人员寻求帮助。2018年底，美妆零售品牌丝芙兰（Sephora）在上海概念店的中心位置设立了一整面具有"云货架"（E-commerce Wall）功能的大屏幕。顾客通过手动搜索或语音搜索就能自主查询全国的库存，找到心仪的商品后直接在线下单，付款后可选择线下取货或快递邮寄。

为了提高服务质量和优化用户体验，高级珠宝品牌卡地亚（Cartier）

在 2019 年 11 月推出了数字服务平台 Cartier Care。在这个平台上，顾客不仅可以预约店内检修、维修和保养服务，还能获取所购产品的专属护理建议。这项服务暂时只针对腕表类产品的用户，未来会逐步扩大范围，向品牌旗下的珠宝、配饰等更多品类产品的用户开放。2019 年底，香奈儿（Chanel）携手时尚电商平台发发奇（Farfetch），在巴黎康朋街的旗舰店进行数字化试点行动，推出了分别针对顾客和店员的两款手机应用程序。在"顾客 App"上，顾客不仅可以随时与销售人员沟通，了解产品的基本信息和最新的库存情况，还可以在线浏览产品的细节并进行初步挑选。在"店员 App"上，店员只要对顾客的手机扫码，就可以获取顾客的基本尺码、线上和线下渠道的购买记录、想要试穿或试用的产品信息以及相关的库存情况，从而提供更精准的服务。

2020 年 3 月，法国珠宝品牌尚美巴黎（Chaumet）推出了两款微信小程序。在"Chaumet 尚美巴黎精品店"小程序上，顾客可以查询门店地址、定位到店线路和预约到店时间；在"Chaumet 为爱加冕钻戒定制"小程序上，顾客可以在线定制钻戒的尺寸和样式，预约时间到门店了解详情，指定某位店员提供专属服务。

二、电子游戏

"Z 世代"是互联网上最活跃的人群，他们极度依赖社交媒体平台，重视互动性和创新性，缺乏忠诚度，尚未形成稳定的消费观，是时尚行业极力争取的潜在客户。大部分"Z 世代"是游戏玩家，电子游戏是吸引他们的重要渠道之一。近年来，各大时尚品牌以不同形式进入电子游戏领域，希望吸引年轻人，让他们进一步了解品牌故事，提高对品牌的认知，成为潜在的、持续的消费者。

一方面，时尚品牌尝试通过官方网站、官方应用程序、社交媒体平台等渠道推出自行研发的线上游戏或游戏小程序，吸引年轻的时尚爱好者。

2019 年 7 月，路易·威登（Louis Vuitton）推出了复古风格的跑酷游戏"无尽跑者"（Endless Runner）。游戏界面的设计灵感来源于受 20 世纪 80 年代文化影响的艺术风格和城市街景，与该品牌 2019 秋冬男装秀场的设计相呼应。2021 年 8 月，为纪念创始人诞辰 200 周年，路易·威登与游戏工作室 his POSSIBLE 联合开发了移动端游戏"Louis The Game"。游戏的主角是 2018 年早秋男装发布会上公布的新任品牌吉祥物 Vivienne，她的名字是根据该品牌经典的花朵和子母组合设计而成。玩家们跟随她在巴黎、伦敦、纽约、东京、北京等七个不同风格的场景中探索，寻找记载着品牌百年历史进程中标志性事件的 200 张明信片。如果找到特殊的黄金明信片，就可以开启限量的 NFT Crypto Art 数字藏品。此外，随着一个又一个关卡的开启，玩家们还可以解锁不同的场景转换方式和一系列为 Vivienne 专门打造的配饰挂件，包括腰带、项链、墨镜、帽子、背包等年轻消费群体更感兴趣的单品。2022 年 8 月，路易·威登在官方应用程序上推出了三款移动端小游戏：第一款是"200 Mania：Louis Board Club Game"，包括国际象棋、五子棋、井字棋三款传统的棋盘游戏，旨在向经典的棋盘格图案设计致敬；第二款是"Super Natural：Courir pour l'avenir"，以 LV Trainer 运动鞋为主角设计跑道障碍赛，在不同关卡中设置各种环保主题的场景，旨在宣传品牌所倡导的可持续发展理念；第三款是"L'Art des vitrines"，吉祥物 Vivienne 在还原经典橱窗设计的虚拟场景中接受挑战并完成任务，旨在突出品牌一直以来坚守的艺术风格和美学理念。2022 年 11 月，路易·威登全球第三家餐厅落户成都远洋太古里，开业当天在微信小程序上发布了 3D 小游戏

"麻Jump"。这是一款跑酷游戏，玩家用手指控制小球，和着音乐节奏在麻将牌上跳跃前进。麻将牌上的图案将品牌的经典标志与中国结、石狮子、熊猫、龙、锦鲤、茶壶、灯笼等中国传统元素相结合，三个关卡的场景分别是传统与现代交融的成都市区、充满"火锅"味道的街头夜生活、以"茶"闻名的青城山，背景音乐既有品牌特邀的本地说唱组合创作的嘻哈歌曲，也有传统的中国古典音乐。城市的烟火气息与品牌的高端审美巧妙融合，让看似普通的游戏充满趣味，受到年轻人的广泛关注。

2019 年，古驰(Gucci)在官方应用程序上推出了"游戏厅"(Gucci Arcade)板块。几年间，"蜜蜂快跑"(Gucci Bee)、"古驰王牌"(Gucci Ace)、"滑板高手"(Gucci Grip)、"口红弹珠"(Gucci Lips)、"星际穿越"(Gucci Psychedelic)、"保龄视界"(Gucci Mascara Hunt)、"冲浪高手"(Gucci Surf)、"潜水高手"(Gucci Dive)、"花朵迷宫"(Gucci Bloom)等多款复古风格的互动小游戏连续上线，配合宣传不同系列的产品与设计。"蜜蜂快跑"的灵感来源于 20 世纪 80 年代的经典小游戏"食鬼"(Pac-Man)，玩家用手指操控蜜蜂的线路，让蜜蜂在限定时间内吃掉星星，同时躲过瓢虫的攻击，通过关卡后可获得隐藏的数字徽章。"古驰王牌"让玩家手握球拍参加乒乓球比赛，三道关卡中大量使用了品牌的经典标志，分别呈现 8 位像素级画面、日常可见的普通画面、极具未来感的画面，向品牌的历史致敬。"冲浪高手"中的角色以意大利年轻冲浪明星 Leonardo Fioravanti 为原型，玩家操控角色在海中收集废物，同时避免撞到鱼类或其他海洋生物，闯过不同关卡获得 Gucci 冲浪板、泳衣和太阳镜等虚拟装备，可用来对角色进行装扮。"花朵迷宫"的角色以 Gucci Bloom 系列香水的三位代言人为原型，玩家选择角色后进入虚拟迷宫，根据提示和导航寻找五款隐藏的 Bloom 香水瓶。

2019年10月，英国奢侈品牌博柏利（Burberry）在其官方网站推出了首款网页小游戏"弹跳小鹿"（B Bounce），玩家通过扫码进入游戏，为代表自己的小鹿选择一款Burberry TB Monogram系列的羽绒夹克，操控角色小鹿在玻璃跳板上不断跳跃，收集金色TB徽标和飞行器获得加速度，最终到达月球。高分玩家有机会获得特制贴纸、同款实物羽绒夹克等奖励。2020年7月，第二款小游戏"冲浪小鹿"（B Surf）上线，玩家为代表自己的小鹿穿上Burberry TB Summer Monogram夏季系列服装，选择合适的冲浪板，与朋友一起在"TB"形的赛道上进行冲浪比赛。高分玩家有机会获得AR游戏角色、限量版TB字母帽、冲浪板等奖励。

2019年6月，意大利奢侈品牌芬迪（Fendi）推出了一款名为"Fendi罗马奇遇记"的微信小游戏。这是一款跑酷游戏，玩家可以选择步行、摩托车和滑翔伞三种不同的交通方式，上下移动，躲避障碍物，得到金币和Fendi包袋以增加生命值。Peekaboo包袋中国区代言人许魏洲化身游戏的主角，身着最新款的男装单品，带领玩家领略罗马城的风光，了解品牌的文化。2020年12月，法国奢侈品牌巴黎世家（Balenciaga）推出了线上游戏"后世：明日世界"（Afterworld：The Age of Tomorrow）。游戏中所有的角色都身着巴黎世家2021秋季系列的服装新品，时间背景设定在2031年，玩家可以跟随角色进入该品牌的门店，走过繁华的街道，穿过静谧的森林，一路上完成各种任务，最后在规定时间内到达山顶，参加盛大的狂欢活动。

连一向保守的法国顶级品牌爱马仕（Hermès）也不例外。2018年3月，为配合宣传2018男装春夏系列的产品，爱马仕推出了首个线上小游戏H-pitchhh，灵感来自传统的"掷马蹄铁"游戏，玩家用手指按住马蹄铁扔向目标靶，离得越近得分越高，收集足够多钉子才能进入下一道关卡。2022年8月，爱马仕在社交平台Instagram上推出了一款名为

"Jumping Bag"的闯关类小游戏,玩家从最经典的四款包袋(Birkin、Kelly、Constance 和 Victoria)中选择一款作为自己的角色,以跳跃的方式避开各种障碍物。

另一方面,时尚品牌积极与热门游戏合作,推出专属场景、虚拟服饰或联名款式,吸引年轻的游戏玩家。

早在 2012 年,意大利奢侈品牌普拉达(Prada)就与角色扮演游戏"最终幻想"(Final Fantasy)合作,为游戏中的几位主角穿上了 2012 春夏系列的新品男装,登上英国著名的男性时尚杂志《Arena Homme》,引起巨大轰动。2022 年 2 月,普拉达与游戏巨头"育碧"(Ubisoft)达成合作,将经典的 Prada Linea Rossa 红线系列引入冰雪运动游戏"极限国度"(Riders Republic)。在精心打造的沉浸式冰雪乐园中,玩家们不仅可以身着 Prada 运动服饰登上"极限山脊",还能体验 Faction ✕ Prada Linea Rossa 共同打造的联名款山地车、滑雪板和雪地摩托。

2016 年初,路易·威登邀请角色扮演游戏"最终幻想 13"(Final Fantasy XIII)的女主角"雷霆"(Lighting)担任虚拟代言人,参与拍摄 2016 早春"Series 4"系列的广告大片。2019 年 9 月,路易·威登与电竞游戏"英雄联盟"(League of Legends)达成合作,为英雄联盟总决赛 S9 总冠军奖杯"召唤师杯"定制独一无二的手提箱。女装艺术总监尼古拉·盖斯奇埃尔(Nicolas Ghesquière)从 2020 年春夏女装系列中汲取灵感,为游戏中的英雄奇亚娜(Qiyana)设计了一款专属皮肤——身背达芙妮(Dauphine)小包,脚踏 Laureate 厚底沙地靴,环刃武器上经典的 Monogram 花纹和 LV 字母标志闪闪发光,还根据游戏中的虚拟场景设计出"LV ✕ LOL"联名限量单品。2020 年,品牌不仅继续为总决赛的冠军奖杯打造手提箱,还为游戏中的虚拟偶像 K/DA 女团穿上了尼古拉·盖斯奇埃尔过去五年中代表性的设计作品。

2019 年 4 月，意大利潮牌莫斯奇诺(Moschino)宣布与美国艺电公司(Electronic Art)旗下的模拟经营类游戏"模拟人生"(The Sims)达成合作。创意总监杰瑞米·斯科特(Jeremy Scott)在年度棕榈泉沙漠派对上发布了"Moschino × The Sims"像素胶囊系列成衣和配饰。该系列包括 Moschino 像素设计单品和 8 件联名限量单品，在线下门店和线上官网同步发售，也同时在"模拟人生"全系游戏中发布，包括"The Sims 4""The Sims 手机版"和"The Sims 免费版"。

2020 年 5 月，意大利奢侈品牌华伦天奴(Valentino)宣布与日本游戏公司任天堂达成合作，邀请艺术家 Kara Chung 在电子游戏"集合啦！动物森友会"中特别创作了 20 套虚拟定制造型。造型的灵感来自该品牌 2020 春夏系列和秋冬系列，每一件单品都有专属的下载代码，可供玩家在游戏中进行互动体验。2020 年 6 月，意大利奢侈品牌古驰(Gucci)与巴西游戏公司 Wildlife Studio 旗下的手机游戏"网球传奇"(Tennis Clash)达成合作，为游戏中的主角 Diana 和 Jonah 提供具有"GUCCI"和双 G 标志的运动服、运动鞋、袜子、发带、网球拍。玩家可以在游戏中直接访问品牌的官方网站，获取游戏同款服饰的详细信息，还可以参加古驰网球线上公开赛(Gucci Open)活动，与其他玩家切磋球技。2020 年 10 月，古驰与模拟经营类游戏"模拟人生 4"(The Sims 4)的自定义创作者合作，为游戏中的角色穿上"Gucci Off The Grid"系列服装单品。值得一提的是，2022 年，古驰与电子竞技平台 Faceit 联合创建了"古驰电竞学院"(Gucci Gaming Academy)，组织专业培训课程和集体活动，营造健康的电竞环境，发掘和培养年轻的电竞人才。

2021 年 4 月，巴西人字拖品牌哈维纳(Havaianas)与竞技游戏"堡垒之夜"(Fortnite)达成合作协议。品牌在游戏中精心打造了一个人字拖形状的岛屿(Havaianas Summer Island)，游戏角色在椰林沙滩上嬉戏玩乐时所穿的特别印花人字拖也在线下渠道同步发售。

三、虚拟人物

随着"Z世代"年轻人消费能力的不断增强，社会环境和商业环境对新事物的包容度不断提高。数字科技的进步和社交媒体的发展催生了一些深受年轻人喜爱的虚拟歌手、虚拟模特和虚拟意见领袖，也为各大时尚品牌吸引并培育年轻消费群体提供了新的思路。虚拟人物没有"人设崩塌"的风险，不受时间、空间、身体条件等因素的限制，能够将人类的想法和设计以更有创新性的形式表现出来，对受卡通漫画和二次元文化影响的年轻群体具有相当大的吸引力。

初音未来诞生于2007年8月31日，是全球最有影响力的初代虚拟偶像之一。她的形象是一名葱色头发的可爱少女，实际上是日本Crypton Future Media公司基于Yamaha Vocaloid语音合成程序开发的音源库，音源数据来自日本著名声优藤田咲。早在2012年12月，初音未来就身穿路易·威登2013早春系列新款棋盘装参与了主题为"The End"的电音歌剧表演。2016年，法国奢侈品牌纪梵希（Givenchy）的创意总监里卡多·堤西（Riccardo Tisci）为初音未来量身打造了一套黑色的高级定制礼服长裙，并和她一起登上了《Vogue》杂志美国版五月刊的封面。

洛天依诞生于2012年3月22日，同样是基于Yamala Vocaloid语音合成程序开发的虚拟偶像歌手。人物设定是一名有着灰色头发和绿色瞳孔的15岁国风少女，身穿蓝白色的旗袍，发间饰有碧玉，腰上佩戴中国结，名字取"华风夏韵，落水天依"之意。2020年3月，洛天依身着迪奥、古驰、华伦天奴、范思哲等国际时尚大牌的服饰，登上了《时尚芭莎》电子版三月刊的封面。2020年4月，法国天然护肤品牌欧舒丹

（L'Occitane）携手洛天依，推出马鞭草系列、甜扁桃系列和樱花系列联名礼盒。

Lil Miquela 诞生于 2016 年，是具有超高人气的虚拟模特、音乐人和时尚意见领袖。人物设定是一名年轻的巴西裔美国女孩，出生在加利福尼亚，梳着可爱的丸子头和齐刘海，脸上长着俏皮的小雀斑，拥有健康的小麦色肌肤和明朗的笑容。她经常在社交平台分享自己的服装穿搭心得，拥有大批年轻的追随者，很快成为各大时尚品牌的座上宾。2018 年 2 月米兰时装周期间，Miquela 不仅现身意大利奢侈品牌普拉达（Prada）2018 秋冬成衣系列大秀，还接管了品牌的 Instagram 账号，合作发布了以 2018 春夏系列的标志性印花图案为灵感的数字贴纸。2018 年 6 月，在维吉尔·阿布洛（Virgil Abloh）加入路易·威登的首秀和金·琼斯（Kim Jones）加入迪奥的首秀上，也都能看到 Miquela 的身影。几年来，她不断出现在各种时尚活动中，不仅追捧 Off-White、Supreme、Carhartt 等街头潮牌的热门单品，也能驾驭香奈儿、巴黎世家、普拉达等奢侈品牌的高级时装，还会支持 Sandy Liang 等独立设计师的创意之作。她还是各类时尚杂志的宠儿，穿着最新款的香奈儿系列为《V Magazine》拍摄大片，登上次文化杂志《Wonderland》，全身覆盖路易·威登和 Supreme 经典的 Monogram 标志登上时尚文化杂志《PAPER》的内页。

Shudu Gram 诞生于 2017 年 4 月，是英国摄影师威尔森基于 CGI 电脑生成动画技术创作的虚拟人物。她有着无暇的黑色皮肤和完美的身材比例，样貌和神情几乎与真人无异，在社交媒体 Instagram 上的定义是"World's first digital supermodel"（全球第一位虚拟超级模特）。2018 年初，Shudu 以一张涂 Fenty Beauty 橘色口红的照片火遍全网，顺利成为该美妆品牌的虚拟代言人。2018 年 9 月，她正式成为法国奢侈品牌巴尔曼（Balmain）的品牌大使，几年来，她与香奈儿、蒂芙尼、菲拉格慕、宝格丽、萧邦（Chopard）、路铂廷（Christian Louboutin）等时尚大牌合作，逐渐成长为时尚圈最受欢迎的虚拟模特。

Noonoouri 诞生于 2018 年 2 月，是艺术创意人 Joerg Zuber 创造的虚拟时尚偶像。人物设定是一位生活在时尚之都巴黎的 19 岁少女，身高 150 厘米，拥有乌黑的齐腰长发和俏皮的齐刘海，主张素食主义，不穿动物皮草，推崇可持续时尚，在社交平台 Instagram 上的自我定义是"可爱（cute）、好奇心（curious）、高级时装（couture）"。2018 年 6 月，她以特邀嘉宾的身份参加了迪奥 2019 早春度假系列大秀，随后成为迪奥 2019 春夏系列美妆产品的代言人，参与拍摄广告宣传片。2018 年 11 月，她成为天猫奢品平台的首位虚拟代言人，拥有了中文名"努努"，负责向中国年轻一代传播奢侈品消费文化，还代表天猫参加了华伦天奴（Valentino）在日本东京举办的 2019 初秋系列时装大秀。2019 年初，她与中国新生代偶像明星易烊千玺"跨次元"合作，一同登上《Vogue Me》二月刊封面。2020 年 2 月，她受邀参加迪奥 2020 秋冬成衣大秀，在个人的 Instagram 账号上发布了身穿最新系列服饰的照片。几年时间，Noonoouri 与香奈儿、古驰、博柏利、范思哲、巴尔曼、梅森马吉拉等诸多时尚大牌合作，成为时尚圈炙手可热的虚拟 KOL（关键意见领袖）。

Imma 诞生于 2018 年 7 月，是数字影像公司 Modeling Cafe 设计的 3D 虚拟人像作品。人物设定是一个喜欢文化、电影和艺术的日本女孩，有着淡粉色的短发和精致的五官，穿衣风格俏皮时髦且个性十足，在社交平台 Instagram 上的自我介绍是"我是一名虚拟模特"（I am a virtual model）。2019 年 6 月，英国奢侈品牌博柏利（Burberry）邀请 Imma 参与拍摄全新 Monogram 系列的广告大片。2019 年 10 月，高端护肤品牌 SK-II 邀请 Imma 与代言人中国歌手窦靖童、日本演员绫濑遥和美国超模

Behati 合作，为王牌产品"神仙水"拍摄广告。Imma 在广告片中化身为天使，把自己的魔力传输给三位真实的偶像。2020 年 2 月，Imma 受邀为时尚运动品牌 Puma(彪马) 和日本时尚品牌 SLY 合作推出的"SLY ×
Puma"联名系列拍摄广告。2020 年 3 月，中国时尚品牌乐町(LEDIN)邀请 Imma 拍摄以"赛博朋克"(Cyberpunk) 为主题的 2020 夏季新品视觉大片。2020 年 4 月，Imma 登上了时尚杂志《红秀 GRAZIA》第 452 期的封面，该期杂志还以"Imma 赛博人生"为题对她进行了专题报道。

2020 年 8 月，中国青年新媒体艺术家陆扬借助 3D 扫描、动作捕捉和数字建模技术收录自己的面部形态、肌肉运动和微表情数据，创作了名为"DOKU"的无性别超写实数字人，完成了在虚拟世界中的一次"数字转世"(Digital Reincarnation)。① 2020 年 9 月，DOKU 受邀出席时尚运动品牌中国李宁(LI-NING)在巴黎时装周举办的 2021 春夏系列数字发布会，不仅全程参与台前幕后的工作，还身着该系列的新品出现在以"地、火、水、风"为主题的数字场景中，与秀场上的模特们共舞。

AYAYI 诞生于 2021 年 5 月 20 日，是中国数字初创公司燃麦科技研发的超写实数字人(Metahuman)。这个有着银灰色短发的虚拟潮流少女在生活方式分享平台小红书上首次亮相便广受关注，迅速成为年轻人喜爱的时尚意见领袖。2021 年 6 月，AYAYI 受邀参加了娇兰(Guerlain)举办的夏日亲"蜜"花园线下体验活动，随后在小红书上晒出了活动现场的照片，吸引了数万人在线上围观。2021 年 7 月，AYAYI 以男装扮相出现在路易·威登 2021 秋冬男装限时空间活动中，引起巨大轰动。2022 年 2 月，彩妆品牌魅可(MAC)启动"光幻未来空间站"快闪活动，正式邀请 AYAYI 担任 MAC 魅可光幻妆数字主理人，推出主打未来概念

---

① 《DOKU，陆扬的无性别超写实数字人，平行世界的另一个自己》，"iFASHIONist"微信公众号，2021 年 7 月 27 日推文。

的"元宇宙光幻妆"。

值得注意的是，热门电子游戏中的虚拟角色和以现实中的明星为原型打造的虚拟偶像也具有相当大的号召力。

雷霆（Lightening）是 Square-Enix 公司推出的角色扮演类游戏"最终幻想 13"（Final Fantasy XIII）的主人公。她是一名集剑术、射击、格斗、魔法等技能于一身的女战士，有着玫瑰色的头发和浅绿色的眼睛，外表冷漠，内心坚韧，是游戏中最出彩的、最有人气的角色，拥有大批追随者。早在 2016 年，路易·威登就邀请雷霆担任虚拟代言人，为 2016 春夏新款系列"Series 4"拍摄广告宣传片。她身着新款早春服饰，手拎 LV 字母扣包袋，造型帅气逼人，广告推出后立刻在时尚界引起巨大轰动。

星瞳诞生于 2018 年 5 月，是在线 3D 音乐舞蹈游戏"QQ 炫舞"的虚拟代言人，其人物设定是一个有着银白色短发和湛蓝色眼睛的虚拟歌手和时尚博主。2019 年 9 月，牛仔服饰品牌李维斯（Levi's）与 QQ 炫舞展开跨界合作，将二次元炫舞元素融入单宁面料中，打造全新的联名系列服饰和虚拟定制服饰。星瞳与吴建豪携手担任代言人并在线斗舞，突破了虚拟时尚与现实时尚的界限，得到年轻群体的热烈响应。2020 年 6 月，时尚运动品牌李宁宣布与 QQ 炫舞开启跨次元合作，并由星瞳担任潮流星推官。在双方共同打造的创意宣传片中，身穿李宁服饰的星瞳穿越回中国 20 世纪 80 年代，通过音乐舞蹈演绎回顾历史，创造出全新的复古未来时尚，完成了一场引领审美潮流的时空穿梭之旅。

无限王者团诞生于 2019 年 5 月 3 日，是国民级手机游戏"王者荣耀"的衍生虚拟偶像团体，由游戏中人气最高的云、亮、白、信和守约五个角色组成，在"Z 世代"群体中有着强大的号召力。2020 年 7 月，纪梵希（Givenchy）与王者荣耀达成合作，邀请无限王者团的五位成员为该品牌的七夕限定系列拍摄宣传视频。他们身着纪梵希新款服饰合体登上了时尚杂志《欣漾 SuperELLE》的封面，还拍摄了个人时尚专辑。此次合作打造的时尚造型得到专业人士的一致认可，也受到"Z 世代"年轻人的热烈追捧，相关七夕限定系列单品上架电商平台后很快就被抢购一空。

2021 年 4 月，以中国艺人杨颖（Angelababy）为原型的虚拟偶像 Angela 3.0 问世。这是杨颖团队的新成员，其设定是一个来自未来的机器人，拥有穿越时空的能力。她的第一次亮相是在迪奥（Dior）2021 早秋成衣系列上海发布会上担任主持人，带领观众一起"云看秀"。6 月，Angela 3.0 与杨颖本人一同登上时尚杂志《K！ND Magazine》六月刊的封面，还与中国时装品牌欧时力（Ochirly）合作拍摄时装大片。2021 年 6 月，以中国艺人景甜为原型的虚拟人物"甜小甜"问世。她代替景甜"前往"希腊观看迪奥 2022 早春成衣秀，从秀场发回最新的时尚资讯，还作为导游带领网友"云游"雅典城。

四、元宇宙

"元宇宙"是一个新兴的概念，源于英文"Metaverse"一词，由计算机语言中的"Meta"（元）和"universe"（宇宙）组合而成。它并非特指某种单一的技术或应用，而是一种基于或未来可能脱离增强现实、虚拟现实、混合现实等技术的三维空间、生态或环境，是一个与现实世界映射和交互的虚拟世界，也可以说是一个有着特殊维度的数字生活空间。"元宇宙"中有多种数字形态，如社交媒体、虚拟现实、虚拟商店、视频游戏等，为时尚产业提供了更广阔的发展空间。人们可以在"元宇宙"中参与虚拟社交、购买数字土地并建造虚拟家园、在虚拟教室沉浸式学习、在虚拟商店中购物、为虚拟形象添置服装和配饰、购买数字艺术藏品、进行数字资产交易等。其中最受关注的是基于区块链技术创建的可信数字权益凭证，即"非同质化代币"（NFT，Non-Fungible Token）。这种数字资产具有唯一性和不可替代性，可以代表音乐、艺术、游戏等不同形式的数字化藏品，还可以体现数字版权并进行线上交易，为时尚产业的发展提供了新思路和新路径。

从 2021 年开始，各大时尚品牌纷纷试水 NFT，布局元宇宙。一方面大规模发行 NFT，利用其低成本和高关注度的属性吸引更多对奢侈品感兴趣但暂时无力承担实体消费的年轻人，培养潜在客户；另一方面强调 NFT 的独特性与稀缺性，打造概念性产品平台，为高净值人群提供新的投资方式。① 开云集团旗下的古驰（Gucci）是当之无愧的"元宇宙第一品牌"：携手照片分享平台 Snapchat 开发线上试衣功能，支持用户在线试穿服装和试戴配饰；与运动品牌乐斯菲斯（The North Face）携手登陆电子游戏"宝可梦"（Pokémon），推出联名系列虚拟服饰；在时尚社交平台 Zepeto 上发布以古驰意大利总部为原型的"Gucci 别墅"和多款 NFT 时尚单品，用户可以使用虚拟形象在别墅中游览，还可以试穿和购买虚拟服饰；与在线游戏平台 Roblox 合作，将现实中位于意大利佛罗伦萨市政广场的博物馆 Gucci Garden 完整地复刻到虚拟世界，访客可以随意转换视角和方向，实现身临其境般的探索体验；在"Gucci Aria 咏叹调"主题大秀上发布了第一个 NFT 加密艺术品——一段 4 分钟的 NFT 短片，随后将其上架到佳士得拍卖网进行公开拍卖，所得款项全数捐给联合国儿童基金会。法国奢侈品牌巴尔曼（Balmain）也堪称"元宇宙先锋"。巴尔曼为新加坡版《Vogue》杂志专门设计了一款数字火焰连衣裙（Flame Dress），把 2022 春夏系列中的四款设计转化成八个 NFT 产品，与游戏

① 《2022 奢侈品牌元宇宙洞察简报》，"要客品学"微信公众号，2022 年 9 月 9 日推文。

公司 Altava 旗下的时尚手机游戏"Worlds of You"合作推出限量款设计的 NFT 版本，还与高端健身房品牌 Dogpound 合作推出黑色和白色 NFT 运动鞋。

其他大牌也不甘落后。路易·威登（Louis Vuitton）在创始人诞辰二百周年之际推出了第一款自制的线上游戏"Louis The Game"，并在当中嵌入了 30 张 NFT 卡作为通关的奖励。迪奥（Dior）与元宇宙誌屋（Meta ZiWU）合作，在百度的元宇宙平台希壤（XIRANG）举办全球首个以"在路上"（On the road）为主题的元宇宙展览。宝格丽（Bvlgari）在巴黎 VivaTech 科技峰会上推出元宇宙展馆、Octo Finssimo Ultra NFT 腕表和 Beyond Wonder 顶级珠宝系列 NFT 藏品。纪梵希（Givenchy）与墨西哥平面艺术家 Chito 合作，将 2022 春季系列中的图案设计转化为"Chito ✕ Givenchy NFT 系列"数字产品，在交易平台 OpenSea 上发售。巴黎世家（Balenciaga）与知名线上游戏"堡垒之夜"（Fortnite）合作推出"Balenciaga Style"联名周边，为游戏中的四个角色精心设计了四款配套服饰和装备。华伦天奴（Valentino）邀请艺术家马修·斯通（Matthew Stone）以"舒缓""泡腾""亲属关系"和"温暖"为主题创作了四件 NFT 作品，先后在纽约和罗马展出。菲拉格慕（Salvatore Ferragamo）推出首款在线"剧本杀"游戏"Enigma"，玩家要探索米兰的多个知名地标，逐步解开四个谜团，深入了解 2021 春夏系列设计的理念。博柏利（Burberry）与在线互动游戏"Blankos Block Party"合作推出限量数字产品，包括"Burberry Blanko"虚拟形象以及 NFT 外套、配饰和鞋履等。拉夫·劳伦（Ralph Lauren）与社交平台 Zepeto 合作推出数字时装系列产品和主题虚拟环境，与游戏平台 Roblox 合作推出虚拟服饰。缪缪（Miu Miu）推出了首款 AR 游戏"山地漫游"（Mountain Maze），为 2021 秋冬成衣系列发布会造势。Stella McCartney 在游戏平台 Roblox 上发售当季新款成衣系列的 NFT 数字藏品。蔻驰(Coach)与NFT平台ZKBOX、《智族GQ》杂志旗下的内容开发团队GQLab合作,以2021年秋季成衣系列为原型设计了六款限量版NFT艺术品。

在2022年世界设计之都大会(WDCC)上,数据互动营销集团艾德韦宣(ACTIVATION)与中式服装奢侈品牌上海滩(Shanghai Tang)合作举办了一场以"虚实共生海上花开"为主题的数字化时装秀。充满东方意境的线下主会场与科技感十足的元宇宙分会场跨时空联动,真人模特与虚拟模特数字孪生,同频演绎虚实交融的时尚设计。在SS23中国国际时装周上,运动品牌安踏打造了一场以"重新想象运动"为主题的数字时装秀,由百度AI偶像希加加领衔开场,Style3D虚拟模特身穿未来感十足的虚拟运动套装,为消费者带来全新的虚拟观秀体验。时尚运动品牌中国李宁买下无聊猿编号#4102的NFT数字作品,获得了相关版权和二次创作权,成立"无聊猿潮流运动俱乐部",并推出了一系列基于无聊猿形象设计的时尚单品。

时尚界正以前所未有的积极姿态拥抱元宇宙。与新兴科技企业合作,推出NFT相关产品与服务,不仅能与线下的实体产品推广形成有效联动,还能在一定程度上改变大众对时尚品牌的固有认知,塑造品牌积极、创新和进取的形象,吸引更多年轻的时尚消费者。

科技创新日新月异的时代,时尚行业的发展面临巨大的挑战:既要将数字化技术融入产品,又不能丢失品牌的历史传承,更不能放弃对传统材料和制作工艺的坚持;既要大胆拥抱并充分利用数字化技术,又要全力守住"品质"这一立足之本。

势不可挡的本地化

　　首先，一些品牌邀请中国艺术家和设计师参与创作，推出本土化的创意和设计，将自身的美学理念与中国元素相融合，与热爱中国文化和传统艺术的年轻消费者产生奇妙的共鸣。

　　从 2016 年起，爱马仕（Hermès）每年都会邀请中国艺术家为上海的"爱马仕之家"（Hermès Maison）设计橱窗。2016 年，中国年轻陶瓷艺术家辛瑶遥打造了以"映"为主题的冬季橱窗并举办个人陶瓷艺术展。她用无数悬空通透的薄瓷片排列出倒影、涟漪和漩涡三种关于水的不同肌理形态，再配上青鸟和锦鲤，将爱马仕的包袋置于山水场景之中，在有限的橱窗空间中映射出无限的自然缩影。展览空间陈列了五件大型艺术装置，分别以"漩-1""漩-2""露""漪"和"寒"为主题，用明暗交替的光衬托水光瓷色，呈现通透沉静的写意空间。2017 年，中国艺术家高入云打造了以"无限节奏"为主题的冬季橱窗和艺术展。错综排布的几何线条和图形悬浮在橱窗中，静止与沉默间充满节奏和趣味，传递出旋律逆行的数学美感与诗意"。展览与橱窗相呼应，用几何图形、机械运动和极简造型打造沉静而律动的空间，让参观者感受"物"内在和本质的力量，"从旋律逆行的数之美与节奏的诗意中深入阐释爱马仕对'物本之意'的哲思"①。2018 年，中国艺术家陆平原打造了以"玩家"为主题的冬季橱窗和"箱中奇遇"个人艺术展。他"跨越艺术与玩具的界限，采用现实与虚构的叙事方式，将橱窗世界变幻成自由的玩乐现场"②：女性橱窗是女孩玩过家家游戏的剧场，男性橱窗变成男孩的疯狂工作室，配饰橱窗中孩子们不见踪影，只留下男孩拼出的带着翅膀的机械蜘蛛和女孩喜爱的鞋子、包袋和饰物。展览则创造了一个艺术与玩乐的共享空间，展出艺术家以玩具为原型的创意作品，引导参观者找回深藏于内心的童真童趣。2019 年，华人艺术家闫晓静打造了以"寄梦"为主题的夏季橱窗和"梦之秘境"个人艺术展。她将中国传统文化与西方当代艺术语境相结合，以多元化材料和无限想象力突破梦境的维度，开启一方游走于写意与写实、出世与入世间的冥想之境。③ 女性橱窗用盘丝扣制造出飞散聚和的效果，呈现云梦间的幻想；配饰橱窗用白色珠子制造出飞溅的瀑布和潺潺的溪流，呈现山涧中的美景胜境；男性橱窗用皮革切割成旋转延伸的金色阶梯，呈现过去、现在与未来的时空连接。展览则通过五个艺术装置和一段背景音乐开启探梦之旅：途经"松山"和"星云"，偶遇"灵芝女孩"，目睹"昙花一现"，观看"墨—水—石"，聆听"天际线"，进入神秘的梦境，感受宇宙的浩瀚。2020 年，中国艺术家邬建安打造了以"创新神话"为主题的夏季橱窗。他用中国传统的皮影和剪纸艺术将《山海经》中的人物、皮影剪纸、未来人三种看似毫无关联的元

---

① 《无阻与无限之路中的精神漫游——高入云艺术展'无限节奏'》，"HERMES"微信公众号，2017 年 12 月 24 日推文。

② 《玩家——童年想象装点橱窗世界》，"HERMES"微信公众号，2018 年 11 月 22 日推文。

③ 《寄梦——云游虚实之间》，"HERMES"微信公众号，2019 年 7 月 11 日推文。

素巧妙地合为一体，构建了一个想象与现实重叠的奇幻空间。① 男性橱窗中，刑天与未来人在剪纸拼贴成的丛林世界中用神秘的语言对话；女性橱窗中，树脂材料做成的神鸟与未来人相遇并探讨未来；配饰橱窗中，伏羲和女娲在皮革雕刻成的奇花异草中点化潜艇和飞船。2021 年，中国艺术家徐震打造了以"新人"为主题的夏季橱窗和同名个人艺术展。橱窗的灵感来自人类文明史中不断演进的视觉经验，呈现希腊神话中人与神的形体漂浮于城市高楼之上或沉入深海珊瑚丛中的场景。艺术展则呈现了"新人"和"天下"两个不同系列的作品，前者通过对神话原型进行漫画式的变形、放大或局部置换表现世界文化融合的困境，后者用甜蜜多彩的奶油裱花打造迷离梦幻的景观，折射感官主义的现实。2022 年，中国艺术家雷磊打造了以"无限花园"为主题的夏季橱窗。他突破想象的限制，赋予花园中的喂鸟器不同的形态，引导观众追随飞鸟和昆虫的飞行弧线，徜徉在梦幻的花园之中。橱窗中陈列的各种产品与奇妙的景致相呼应，构成了一副游走于写意与写实边界的趣意图景。② 2023 年，中国艺术家李涵打造了以"仕物别景"为主题的夏季橱窗和"生活模型"个人艺术展。他将城市中的寻常物件与奔放的艺术构思相叠加，具象诠释现实与幻想之间的创意维度，巧妙地与品牌的年度主题"天马行空"相呼应。③ 女性橱窗名为"城市物之路"，宽阔的高架与四周虚拟的城市场景相对比，构建出荒诞的都市景象；男性橱窗名为"城市物之塔"，楼梯、停车场和电线杆组合成奇特的塔楼，就像城市的纪念碑；

① 《藏在爱马仕"创新神话"里的魔幻现实》，"ELLEDECO 家居廊"微信公众号，2020 年 7 月 24 日推文。

② 《上海爱马仕之家夏季主题"无限花园"》，"HERMES"微信公众号，2022 年 6 月 9 日推文。

③ 《进入爱马仕橱窗中的城市奇境》，"HERMES"微信公众号，2023 年 5 月 25 日推文。

两侧的配饰橱窗名为"城市物之芯"，以前所未有的观察视角展示城市中的普通物件，锐利地剖析城市的内核。在展览空间中，他用建筑模型来表现寻常的生活场景，展示蕴藏于城市中的对立与和谐，向观众阐述个人对生活的感悟与哲思。

从 2019 年起，路易·威登每年都会推出 Artycapucines 艺术家合作系列，邀请世界各国的艺术家以经典的 Capucines 手袋为原型进行创意设计。中国艺术家赵赵和刘韡参与创作了 2020 Artycapucines 限量款手袋。赵赵的创作灵感来自其代表作《弥留 3 号》，运用激光切割技术将不同材质的皮革裁剪成不规则的小块并组合起来，同时在皮革上打造出刺绣、印花和浮雕的效果，给手袋披上一层神秘而又独特的外衣。刘韡的创作灵感来自他在 2019 威尼斯双年展上展出的雕塑装置《微观世界》，作品运用热塑工艺将 5 种不同的银色皮革加工成雕塑中铝板的形状，镶嵌或用铆钉固定在手袋的最外层。黑色的有机玻璃手柄，用覆盖着不同质地金属片的圆环与手袋相连接，展现金属与皮革相结合的独特效果。中国艺术家曾梵志和黄宇兴参与创作了 2021 Artycapucines 限量款手袋。曾梵志的创作灵感来自其代表作《梵高自画像》系列其中的一幅，工匠们精心挑选四十多种颜色的绣花线，用复杂的多重刺绣工艺完成了七十多万个精美的刺绣针脚，打造出具有特殊纹理和触感的立体表面，将画作生动细腻的笔触、丰富的色彩层次和挥毫式的表现手法完整地还原在手袋上。黄宇兴的创作灵感来源于他的画作《隐藏于丘陵中的巨像》，采用中国传统写实技法"工笔重彩"，将画作中的景观呈现在灰白色的皮革上，用灰色纱线刺绣突出透视效果，不同深浅度的簇绒刺绣勾勒彩虹形状的山脉，金属线填充的点状细呢刺绣表现"无意间滴落的颜料"，使整体画面色彩丰富、层次分明且质感充盈。

2021 年，路易·威登在创始人诞辰 200 周年之际推出了"路易 200"

(Louis 200)系列项目，邀请来自不同领域的艺术家以品牌的经典硬质旅行箱为构思起点，用不同的形式诠释路易·威登先生的传奇人生之旅，展现他作为冒险家、企业家、设计师与创新者的生平图景及其传承后世的价值。曹斐、曹雨西、程然、陈天灼、冯立、邱志杰、宋冬、张鼎、赵赵等中国内地艺术家参与了这个特殊的项目。曹斐将数字技术模式与现实相融合，以路易·威登先生的肖像为蓝本创作了一副像素风格的数字肖像画。曹雨西从路易·威登的经典棋盘格(Damier)图形和字母组合图案(Monogram)标志中汲取灵感，创作了独特的渐变方格图案，用不同的色彩和明暗对比表现节奏与律动。以刻画个人情绪见长的影像艺术家程然在作品中加入了他的宠物猫，一只探出脑袋的猫咪在紫色的光晕下显露出好奇又专注的表情，引导观众进入梦想之家。新锐艺术家陈天灼设计了一个暗灰色调的场景，在当中加入静态的海螺、龙虾、水草、谷穗等元素，描绘海浪冲刷过的沙滩上一切归于平静的沉重感。冯立的作品是一张对他而言有着特殊意义的照片。照片中，那只陪伴了他十多年的彩色鹦鹉正伸展着翅膀站立在他的腿上。他给这幅作品取名为"无尽的旅程"，表达对周遭人与事的怀念和对人生无常的感叹。邱志杰设计了一只具有东方韵味的"宇宙之箱"，运用水墨画中的没骨画法和宿墨画法，在箱体上画出不同方向的平行线条并拼接在一起，寓意整个宇宙的风景，呈现浑然天成的美感。宋冬的作品是一张内容完整的手绘，将一只注满水的箱子冷冻成冰，倒置加温后露出整块冰，翻转箱子将冰块放置在箱体上，最终冰块慢慢融化，阐述"物尽其用"的理念。张鼎的作品名为"142/200/2021"，结合镜面玻璃元素打造了一个与镜头相关的静态装置，不作任何解释反而留下了更大的遐想空间。赵赵从中国古代传说中选取"腾龙飞跃"和"羽人飞仙"两种视觉图示，运用在硬箱箱体之上，以古老的东方元素激起强烈的文化共鸣。此外，品牌还邀请中国青年艺术家叶凌瀚设计了上海恒隆广场门店的大型墙面艺术装置作品《Lucy-A-2021》：以"互联网写生"的方式，对下载的图片进行局部截取，用渐变色彩代替图片中的具象信息，把不同形状和颜色的色块组合在一起，布满高达九米的墙面，贯穿店铺的两层空间，传递出一种面向未来和迎接新开始的气息。

从 2017 年起，迪奥（Dior）每年都会邀请中国艺术家以 Dior Lady 经典手袋为原型进行创意设计与改造。2017 年，中国艺术家洪浩打造了"Dior Lady Art # 2"艺术家限量合作系列第二期中的两件作品：中号手袋的创作融入了其代表作《藏经：世界地图新貌》，对地图的版式进行写真、夸张或转换，意在呈现不同的思维角度和看待世界的眼光；迷你手袋的创作再现了其扫描系列作品《我的东西》，通过扫描日常物品形成庞大的视觉素材库，进而展现消费主义文化对社会的影响。[1] 2018 年中国艺术家李姝睿打造了"Dior Lady Art # 3"艺术家限量合作系列第三期中的一件作品，以小恒星等具有象征意义的天体为主题，将《罗夏测验第 5 号》全息图案印在压花涂层面料上，用渐变的蓝色调向迪奥的经典蓝致敬，呈现科技未来感与经典设计元素的奇妙碰撞。2019 年，中国艺术家王光乐打造了"Dior Lady Art # 4"艺术家限量合作系列第四期中的一件作品，从其代表作《寿漆》系列中汲取灵感，把双面皮革染出层叠有致的绚丽色彩，呈现犹如水波般的质感，将奇妙的色彩剪裁美学表现得淋漓尽致。2020 年，中国艺术家宋冬打造了"Dior Lady Art # 5"艺术家限量合作系列第五期中的一件作品，从其代表作《无用之用——多变窗》中获得灵感，加入镜面元素以增强窗框的效果，赋予"窗"新的生命。2021 年，李松松和张洹两位中国艺术家参与了"Dior Lady Art #

---

① 《洪浩：DIOR LADY ART 的艺术与认知》，"DIOR 迪奥"微信公众号，2017 年 12 月 6 日推文。

6"艺术家限量合作系列的创作。李松松的创作截取了其版画作品《剑法（三）》的一部分，通过调色和肌理处理将缤纷色彩与多种材质融为一体，构想出三种不同的尺寸，形成精致细腻的拼贴效果，呈现对同一主题的多重感知。张洹的两组作品使用了全息摄影的手法和 3D 打印技术，中号手袋的设计灵感来自其代表作《我的冬宫》，取材于伦勃朗的画作《扮作花神的沙斯姬亚》，经过黑白处理后加入不同材质进行重塑，将西方文化与东方工艺融为一体；迷你手袋的创意来自其另一代表作《我的樱花地》，串珠和亮片组成的刺绣装饰交织成一片樱花花海，闪耀着连接过去与未来的多彩光芒。值得一提的是，2021 年的"迪奥与艺术"主题巡展中还展出了由全球 17 位艺术家重新诠释的经典家居作品"椭圆背椅"，其中中国先锋建筑师马岩松的作品《流星》备受瞩目。他运用纯粹的黑白两色，巧妙地将椅子分成两个面，椅背带刺指向过去，椅面光滑面向未来，表达出继往开来的寓意。

2020 年，博柏利（Burberry）发起了"Burberry 博界"文化项目，通过探索艺术、音乐、科技等不同文化领域集结青年先锋艺术人才共同进行创意设计。从 2021 年开始，品牌先后在上海、成都等地举办"交融边界"线下交互展览，展出了多个与中国青年艺术家联合创作的作品：3D 数字设计师 Shane Fu 打造了名为"梦境空间"的大型数字互动装置，装置内外均为三面屏幕环绕，真实的金色麦穗与虚拟的天空和麦田连成一片，云朵组成的"TB"字母标志漂浮在天空中，让身处其中的观众沉浸式感受品牌的魅力；花艺设计师 irisxiaxia 以鲜花为载体，运用现代的组合与陈列方式，模仿自然生态系统建造了一座"实验花园"，与之相呼应的是数字艺术家林琨皓（又名大悲宇宙）打造的"算法花园"，一排排显示器中无数蝴蝶翩翩起舞，不断地变换色彩和花纹，与真实的花丛合为一体，构建出虚实相融的奇幻场景；帐篷设计师王吉刚创作的装置作品"飞伞环游记"将旧的滑翔伞回收、拆解和拼接，重新打造成帐篷和躺椅，传达可持续理念，强调环境保护的重要性；视觉艺术家柳迪打造了"动物规则"系列作品，运用电脑图形（Computer Graphics）特效将动物的体型放大后放置在城市的建筑和街道等场景中，形成强烈的视觉反差，动物的身上还戴着品牌经典图案的羊绒围巾，表现出一种强烈的魔幻现实感；摄影师黄家奇创作的视觉艺术作品主题为"二分之一圆"，从 Burberry Olympia 半圆手袋中获得灵感，关注各种充满不确定性的半圆形状，巧妙地呈现上海和成都两个城市截然不同的生活气息；建筑及室内设计师谌利创作了"家中的实用美学"主题装置艺术作品，以 Burberry Olympia 手袋的弧线为支点，将亚克力板、木板、绿植、空心砖等物品进行重组和连接，实现力与美的平衡；平衡术表演者韩遂宁打造了"平衡背后的秘密"主题装置作品，以精准的角度将 Burberry Olympia 手袋和形状各异的石块堆叠成复杂而又平衡的结构，手袋的圆润曲线与石块的坚硬棱角形成对比，呈现出独特的美感；艺术家曾稀创作的艺术装置名为"关于苔藓"，灵感来源于儿时记忆中成都街巷里的老房子和阴雨天角落里生长出的青苔，浅灰色的瓦片和黄绿色的苔藓拼出一面巨大的墙，墙面正中央青绿色的苔藓拼接成醒目的"TB"品牌标志，形成强烈的视觉冲击；在以"滑"为主题的 LED 视觉艺术装置中，自由式轮滑运动员苏菲浅轻盈地穿行在各个拱门之间，滑过无尽的长廊和无边的海洋，滑向充满希望和期待的未来；金属艺术家陈英泽的作品是一副名为《当局》的中国象棋，"以银为墨，以锤为笔，拟人为棋，品牌专属 TB 标志错落于棋盘之上"①，将传统与创新融为一体；玻璃艺术家杜蒙也打造了一副中国象棋，名为《我能和你下盘棋吗?》，灵感来自

————————

① 《白茫茫世界中，金属创作者的"作"》，"南作器"微信公众号，2022 年 9 月 30 日推文。

童年时收藏小玩意儿的经历，把珍藏的各种漂亮的纽扣拓印在玻璃棋子内，将观众带进一个充满趣味和想象力的奇妙世界；独立音乐人吴欢庆与他的朋友们共同创作了一首口簧琴演奏乐《簧簧》，运用音流学装置，将声音的震动转化为水流的波动，形成实时影像并投影在狭长空间的墙面上，为参观者带来多感官的艺术享受。与以往奢侈品牌将产品作为叙事核心的策展方式不同，该展览的目标观众是青年消费群体，将产品恰到好处地融入艺术作品中，准确地把握了品牌文化与本土创意相结合的尺度。也是从 2021 年开始，博柏利先后在位于上海恒隆广场、北京国贸商城、成都金融中心的精品店打造了主题为"寰宇博境"（Imagined Landscapes）的数字艺术体验空间。在镜面立方体装置内展示四位艺术家的新媒体创作，其中包括中国艺术家曹雨西的作品《四时比邻》和中国新媒体设计师刘佳玉的作品《鸟的回响》，通过东方视角诠释品牌的经典设计元素，展现品牌的创新意识和探索精神。《四时比邻》通过技术模型衍生出一个虚拟森林空间，运用新媒体技术呈现花、草和树叶在不同季节和天气中的动态变化。《鸟的回响》创造了一个虚拟的自然场景，让观众化身为鸟类，通过飞行视角去观察平行的空间，从中体会万物的生长与变化。

其次，在新门店装修和旧门店升级改造中加入具有当地特色的设计元素也是吸引年轻消费者的有效方式。2021 年，爱马仕北京国贸商城旗舰店和上海恒隆广场精品店重装开幕。北京门店打造了巨大的波浪型玻璃立面，玻璃内部呈现双重刻花效果，在阳光的照射下影影绰绰，犹如云雾缭绕的竹林。内部空间采用开放式的流畅布局，装饰灵感来源于传统的蚀刻版画与油画，灰绿、金色和矿石色调营造出朦胧的山水意境。上海门店内部的整体色调浓郁而丰富，将深蓝绿色、勃艮第红色和焦糖色三种颜色融为一体，展现出上海深厚浓烈而又开放包容的文化底蕴。旋转楼梯上方的挑高空间放置了中国艺术家闫晓静特别创作的艺术装置——一座用近万颗玻璃珠穿线制作成的骏马雕塑。这件作品将中国传统的文化符号巧妙地融入西方艺术语境之中，体现了品牌对这座城市多元文化的深刻理解。2022 年，爱马仕在郑州丹尼斯大卫城和武汉恒隆广场开设全新的精品店。郑州门店橱窗上方的石刻幕墙灵感来源于中国传统的镶嵌工艺，釉面手工陶瓷打造出具有立体感的波纹。空间内部采用传统四合院的进式布局，搭配手工雕刻的木质屏风、丝绸质感的墙面以及融合了少林、竹林等本地文化元素的各种装饰。武汉门店的设计灵感来源于连绵的山脉，以"垂直"为主题，打造曲径通幽的中式意境。地面铺设暖赭色与棕色的大理石和加入贝母碎片的水磨石，让人联想到奔腾不息的长江，向江城的水域文化致敬。2023 年上半年，爱马仕对于位于南京德基广场和北京王府半岛酒店的两家精品店进行了重装翻新。南京德基门店入口处地面上的马赛克和藏书章图案使用了米色、黄色和靛蓝色，灵感来自当地特产的一种名为"南京布"的棉布和传统的扎染染色工艺。内部空间整体呈暖黄色调，强调南京作为六朝古都的庄重与典雅，地面、楼梯和背景墙大量运用竹子和柳条等传统中式装饰材料，随处可见的渐变色椭圆形图案让人联想到南京特有的雨花石。北京店的外立面用木质菱形砖块制成立体浮雕装饰，灵感来源于紫禁城中龙形雕塑上的龙鳞。店内的灰岩地面参考了故宫所使用的北京特色石材，矩形地毯上的纹路与北京网格式的城市规划相对应，墙面上名为《鸟市》的影像作品展现了老北京的玩鸟文化。

2022 年 4 月，卡地亚（Cartier）在国内唯一的一家独立精品店在成都远洋太古里重装开幕，其整体设计展现了巴蜀文化元素、成都城市风貌和法式美学理念的完美融合。半透明的落地窗让整栋建筑的外立面呈现出山峦云浮的意象，以香槟金为主色调的内部空间随处可见本地文化元素。门厅处的竹子书架伸展到顶，天花板上垂下祖母绿色的装饰吊灯，地面铺着七彩祥云图案的地毯；代表作区域正中央的墙面上是一幅细木镶嵌工艺打造的立体浮雕画，画面中卡地亚猎豹正盘卧在巴蜀的重重山峦之间；女士腕表区域墙面上的压花皮革祥云图与天花板上的中式灯笼吊灯相互映衬；男士精品区墙面上的松竹图案展现雅致的中式古典风格；婚礼精品区摆放着一面手工刺绣屏风，上面的树叶图案是成都的市树银杏；镶嵌着银杏叶装饰的穹顶吊灯与植物主题的瓷片墙将高级珠宝陈列区打造成郁郁葱葱的室内花园；独立茶室融合了巴黎宫廷酒廊古典风格与川味茶馆的烟火气息；贵宾沙龙的墙面上用竹艺框架搭配中式图案的壁纸，就连电梯的四周也装饰着手绘的巴蜀山水版画。① 2022 年 6 月，卡地亚华中地区最大的精品店在武汉恒隆广场全新开幕。武汉以水为源，依水而兴，樱花盛开的三月是这座城市最美的季节。水和樱花是武汉最具代表性的符号，也构成了整间门店设计理念的核心要素。水的意象贯穿临街的外立面，交织的网格在金色的灯光下犹如波光粼粼的水面；巨大的橱窗中一只卡地亚猎豹盘立在盛开的樱花树下。

2022 年，中国内地第三个"路易·威登之家"落户成都远洋太古里。这间门店位于成都市中心，比邻千年古刹大慈寺，由两栋川西风格的历史建筑和一个开放式中式庭院组成，集引导消费、传播文化和倡导生活方式三种功能于一体，极具蜀地特色和中式韵味。其中一栋建筑是广东会馆，品牌在这里开设了国内首家主题餐厅"THE HALL 会馆"。餐厅外观保留了中式建筑古朴雅致的木质结构，内部空间选用品牌自有的 Objet Nomades 系列家居产品，搭配陆新建、周轶伦和南川道盛等中国当代艺术家的创意作品，两层楼的中心位置悬挂着珊瑚色皮革装饰吊

---

① 《卡地亚成都远洋太古里精品店重装启幕》，"成都远洋太古里"微信公众号，2022 年 4 月 21 日推文。

灯，形似传统四川火锅，将品牌与本地文化的深度连接展露无遗。另一栋建筑是旗舰店，三层空间分为女士专区、男士专区和贵宾专区，随处可见中国艺术家的原创设计，如周轶伦创作的动物椅、练习凳和整木随形置物台，王俊的画作《客人 NO.3》，石大宇创作的竹编屏风"屏茶"，王俊创作的"斗拱桌"，周宸宸创作的"BOLD 博德条案"等。值得一提的是，品牌会定期更新创意主题装饰，吸引了许多赶时髦的年轻人前往拍照打卡。虎年春节来临之际，以老虎为主题打造巨型艺术装置，大大小小的老虎尾巴贯穿整个空间，出现在最显眼的位置和不经意的角落，灵动活泼且趣味十足；入夏后，以象征着童年愿景和想象力的纸飞机和霓虹视觉为主题，一架架披着蓝天白云外衣的纸飞机在整个空间中穿梭，牵引出多彩棋盘格纹样的霓虹飘带，轻盈飘逸且充满童趣，与品牌所推崇的旅行精神相呼应；深秋时节，彩色的热气球和成都特有的大熊猫成为新的视觉意象，一个个印着"LV"经典标志和当季主推的水墨牡丹纹样的彩色热气球装点出色彩缤纷的童话世界，一只只憨态可掬的大熊猫在当中攀爬、翻滚和嬉戏，有一只甚至爬上最大的热气球，准备出发去环游世界。

再次，根据本地文化元素和地域特色设计宣传内容和推广活动是吸引年轻消费者的主要手段。一直以来，路易·威登与"帆船"有着不解之缘。从 1983 年起，品牌每年赞助美洲杯帆船赛，不遗余力地宣传勇于探索、大胆前行的旅行精神。"航海"元素一直是路易·威登产品设计的灵感来源，就连"路易·威登艺术基金会博物馆"的外观也被设计成海上航行的帆船。2022 年 5 月，"Louis Vuitton &"路易·威登年度大展登陆中国"帆船之都"青岛，主会场位于青岛奥林匹克帆船中心，共设 8 个展厅，通过不同的主题呈现路易·威登品牌 160 多年来的创意交流与艺术合作史。1 号展厅的主题为"遇见路易·威登"，入口处是中国艺术家曹斐以路易·威登先生的肖像为原型创作的数字动画，不同颜色的像素色块不断变化和翻转，汇聚成超现实数字肖像，用"现代"的技术和创意向"过去"致敬。2 号展厅的主题为"路易·威登：如所见"，展出了当代艺术家严培明、Alex Katz 和数字艺术家 Refik Anadol 创作的路易·威登先生的巨幅画像以及多款定制的硬箱作品，呈现品牌发展的传奇历史。3 号展厅的主题为"源起"，展出了各种罕见的专属定制作品、装饰艺术时代的产品橱窗和前创意总监 Marc Jacobs 创作的 2011 春夏系列和 2012 秋冬系列。值得一提的是，中国艺术家徐冰特别创作了展厅的壁纸，还与路易·威登携手打造了"文房四宝"特别定制硬箱，用中国传统书法元素搭配经典 Monogram 老花标志，展现多元文化的碰撞与交融。4 号展厅的主题是"丝绸之艺"，展出了 20 世纪 80 年代以来路易·威登与村上隆、Sol Lewitt、Urs Fischer、Andrée Putman 等艺术家合作打造的丝绸系列作品。这些作品体现了古典主义、现代主义、极简主义、印象派、抽象派、波普艺术等不同艺术风格，留下了鲜明的时代印记。5 号展厅的主题是"经典再现"，展出了世界各地知名的艺术家和设计师在保留经典 Monogram 老花标志的基础上对路易·威登代表性作品的重新演绎和创新设计，还陈列了建筑大师扎哈·哈迪德（Zaha Hadid）创作的手袋雕塑和著名建筑师弗兰克·盖里（Frank Gehry）设计的路易·威登基金会的 3D 模型。6 号展厅的主题为"空白画布般的手袋"，通过动态的九宫格作品墙展示路易·威登 25 年来与世界顶级艺术家合作的创意手袋和旅行箱，包括 1896 年诞生的 Monogram 老花标志、Damien Hirst 设计的彩蝶、村上隆设计的彩色 Monogram 老花图案、Stephen Sprouse 设计的涂鸦字母、Jeff Koons 重新诠释的世界名画等。7 号展厅的主题为"艺术邂逅时装"，展出了品牌自 1998 年进军时装领域以来历任创意总监（Marc Jacobs、Nicolas Ghesquière、Kim Jones 和 Virgil

Abloh)与全球不同领域的艺术家(如草间弥生、Richard Prince、Stephen Sprouse)携手打造的创意作品,展馆的背景墙还展示了品牌历年服装大秀的真实场景图片。8 号展厅的主题为"路易 200",是为纪念品牌创始人诞辰 200 周年设立的专属场馆,展出了全球 200 位创想家以标志性的硬箱为构思起点创作的艺术作品,其中包括曹斐、曹雨西、程然、赵赵等中国艺术家运用互动、解构、投射、重组等形式打造的创意之作。精心设计的展览内容让年轻观众沉浸式地了解路易·威登品牌 160 多年的创意历程,从而深入思考不同文化间相互交流与碰撞的意义所在。

2022 年夏天,古驰(Gucci)携手栩栩华生传媒集团发起"想象上海"(Blooming Shanghai)艺术创作线上征集企划,以"上海的无限可能性"为主题,聚焦城市场域内的多维叙事和对自我与社群的探索,向全社会征集文字、绘画、摄影、装置等不同形式的艺术创意作品。两个月后,专业评审团精心挑选出 193 幅作品组成线上的想象画廊,其中 4 件优胜作品已经用于装点位于丰盛里的古驰艺术墙和由上海设计周提供的城市文创场所。9 月底,"想象上海艺术征集企划特别呈现"在上海静安嘉里中心开幕,展出了来自线上画廊的三十多件作品。4 件优胜作品被放在了最醒目的位置:胡钟文的作品《绽放》以在上海努力生活和工作的普通人为描绘对象,勾勒出心中最理想的城市和生活图景,画面中央的人物以轮廓的形象出现,身体填充着蓝天白云和植物,融入外滩高楼与自然相依相生的和谐景观之中;Loliloli 的作品《长长》用一个不知名的街区诠释梦幻的上海天际线,展现夜幕降临后城市灯光亮起时彩色的霓虹灯柱在高楼间拔地而起的画面;插画师 Frank Zhou 的作品《记忆上海》运用木刻般清晰的线条和明媚优雅的紫、黄、粉、蓝四种颜色解构和重组关于上海的集体与个人记忆,包括城隍庙、外滩、石库门、老弄堂、陆家嘴金融中心等代表城市发展历程的区域和建筑,以及上海市的市花白玉兰和街头常见的绣球花等；万茜的作品《上新现场》采用抽象的创作手法，用不同颜色的色块代替乐队、乐器、室内场景、城市景观等具体意象，表现城市的节奏律动和自由的生活态度。① 古驰以实际行动表明品牌对中国市场的高度重视，树立了连接本地文化、鼓励多元创意的品牌形象。

2022 年初，比利时奢侈品牌德尔沃（Delvaux）为庆祝进入中国市场十周年，特邀中国新锐导演麦子拍摄了亚太地区首支城市短片《Delvaux 北京故事》。在影片中，咏梅、刘诗诗和文淇三代女演员从不同年龄段女性的视角演绎了各自的北京故事，描绘这座城市的精神和魅力：咏梅眼中的北京是历久弥新的，"有时候像一个睿智的长者，有时候又像一个充满活力的年轻人"；对刘诗诗而言，北京是细腻包容的，"在这里，古老与现代，传承与创新，始终相互冲撞着又相互包容着"；在文淇看来，北京意味着无限可能，她"期待每一次擦肩而过的人和事，就像期待着未来无数种可能性"②。品牌的产品并没有在影片中占据核心位置，而是自然而然地融入故事情节之中。镜头对准的是古老的建筑、幽静的寺庙和热闹的商圈，还有下象棋、写春联、舞龙舞狮等具有中国特色的文化场景，呈现了传统与现代相融合的城市风貌。这种含蓄的表现形式在突出传统文化元素和本地特色的同时最大程度地淡化了商业广告利益优先的属性，契合品牌的低调调性，更容易吸引年轻消费者。

2022 年 8 月，普拉达（Prada）在北京郡王府饭店举办 2022 秋冬男女时装秀。郡王府始建于 1648 年，占地面积达到 8 亩，由东、中、西三条轴线分隔成三个大院，是典型的清代庭院式园林建筑。秀场设在府邸

---

① 《上海本身即意味着"想象"》，"GUCCI"官方微信公众号，2022 年 10 月 4 日推文。

② 《DELVAUX 北京故事》，"Delvaux"官方微信公众号，2022 年 1 月 20 日推文。

内的银安殿，以宫殿名字中的"银"色为主色调，整体空间根据建筑的原始布局打造成立体三角形，中式雕梁画栋与冷色调的金属相结合，呈现出奇妙的复古现代感。照明系统的设计灵感来自中式灯笼，天花板上通明的灯光映射到墙壁隔板上泛出柔和的粉色，与庭院池塘中的倒影相映成趣。此外，上台走秀的不仅有杜鹃、雎晓雯等知名模特，还有廖凡、惠英红、白宇帆、黄觉、郭柯宇、热依扎等实力派演员，他们的年龄和身型与普通人无异，将普拉达不受限制的时尚精神表达得淋漓尽致。这场活动延续了普拉达致力于跨文化对话与交流的品牌理念，也充分体现了其希望与不同文化产生更深层次连接的品牌精神。

当然，邀请明星、名人、关键意见领袖等担任品牌代言人或以品牌挚友身份出席活动一直是各大时尚品牌在进行产品宣传和推广时惯用的方式。2021年12月，法国奢侈品牌路易·威登邀请国内青年男子演唱组合时代少年团前往深圳观看"Louis Vuitton +"年度大展。2022年3月，品牌在官方微博发布了时代少年团为LV VOLT珠宝系列拍摄的广告宣传片。2022年6月，路易·威登正式宣布时代少年团为品牌大使，邀请他们参与拍摄2023春夏男装系列广告大片，并将这次合作定义为"前卫姿态，全新表达，共同见证潮流时刻"[①]。时代少年团由马嘉祺、丁程鑫、宋亚轩、刘耀文、张真源、严浩翔、贺峻霖7位成员组成，平均年龄不到20岁，粉丝规模十分可观，在年轻人中具有相当大的号召力。除此之外，路易·威登还邀请了深受年轻人喜爱的青年影视演员刘亦菲、周冬雨、朱一龙，演唱组合成员宋茜、王嘉尔以及青年运动员谷爱凌担任品牌代言人，这种迎合年轻人喜好的做法用意十分明显，那就是吸引年轻消费者，引导习惯性消费行为，培养潜在的长期客户。然而，一些与时尚品牌保持密切合作的明星接连不断出现私德问题或负面新

---

① "路易威登"新浪微博，2022年6月22日推文。

闻，给品牌造成了诸多损失和恶劣影响，也让品牌对这种深度捆绑的合作方式更加谨慎。

以七夕、中秋、春节等中国传统节日为契机推出包含中国元素的产品也是时尚品牌吸引中国消费者的主要手段，在产品设计中加入"红色"和"生肖"等典型中式元素是各大时尚品牌的一贯做法。然而，想要真正吸引年轻消费群体，必须拿出十足的诚意，在深入了解中国文化内涵的基础上以丰富多样的形式将本地特色融入品牌固有的风格之中，推出多元创新的创意与设计。2022 年 7 月，第二届中国国际消费品博览会在海南举行，许多时尚品牌推出了主打"海南"概念的新产品。开云集团旗下的珠宝品牌麒麟（Qeelin）展出珠宝作品《海南长臂猿 BoBo（Hainan Gibbon BoBo）》，并通过佳士得国际拍卖行进行线上拍卖，所得款项捐献给海南省林业局，用于支持海南热带雨林和长臂猿的保护工作。这件作品全球仅有一件，由 18K 黄金铸造，头顶上的黑色毛发用黑钻镶成，全身的黄色皮毛由珍稀的黄色蓝宝石打造，生动地还原了海南长臂猿的可爱形象。泰佩思琦（Tapestry）集团旗下的时尚品牌蔻驰（Coach）发布了以海南为灵感的"沁蓝之夏"限定系列，以蓝、白两种颜色为主色调，包括腋下包、编织手袋、T 恤衫等 7 件单品，同时在深受年轻群体喜爱的三亚后海打造了一个限时海滩快闪空间，深度挖掘海南独有的时尚气质。2022 年 8 月，珠宝品牌戴比尔斯（De Beers）宣布正式启动苗绣项目，邀请苗族破线绣传承人刘正花以蝴蝶系列钻石作品为灵感创作了苗绣珠宝包作品，呈现精湛的苗族刺绣工艺，"将'创守永恒'的承诺实践于中国，向世界展示大美民族文化，让非物质文化遗产文脉长流"[①]。此外，许多品牌还精心打造了城市限量款产品。以 2022 年为

---

① 《戴比尔斯苗绣项目正式启动》，"DeBeers 戴比尔斯"微信公众号，2022 年 8 月 9 日推文。

例。路易·威登为配合在秦皇岛阿那亚举办的 2023 春夏男装衍生秀，与本土咖啡品牌 Manner Coffee 合作设计了限定款纸杯，大秀当天于北京、上海和阿那亚三地同步推出。巴黎世家（Balenciaga）为配合成都远洋太古里旗舰店开幕发布了一系列独家限量销售产品，包括印有"Balenciaga Chengdu"字样的 Cities 城市系列陶瓷环保咖啡杯、设计灵感来自品牌高级定制典藏作品的连衣裙、镶钻麂皮材质的经典款手袋和印有"Chengdu"字母的托特包，打造专属于成都的城市记忆。意大利高端时尚品牌 Marni 在长沙国际金融中心、南京德基广场和广州太古汇分别开设了生活方式概念店、限时快闪店和限时展览，同步推出了长沙、南京和广州限定款单品包袋。

当在中国举办时装秀活动已经司空见惯，一些品牌开始尝试在中国市场推出独家设计或造型，希望拉近与中国消费者的关系，获得更高的关注度。2021 年 4 月上海时装周期间，迪奥（Dior）在上海龙美术馆西岸馆举行 2021 早秋成衣系列发布会，展示女装创意总监玛丽亚·格拉齐亚·基乌里（Maria Grazia Chiuri）以"波普艺术"为主题设计的 75 套服饰作品。其中 4 件专为上海大秀打造的亮片刺绣薄纱礼服压轴登场，银色亮片无袖上衣上有"DIOR"四个字母的刺绣，下半身搭配红、褐、蓝、绿四种颜色的经典 A 字型纱裙。11 月，巴黎世家（Balenciaga）首次将高级定制带出巴黎，在上海油罐艺术中心展出 2021 秋冬高级定制系列中的 30 件服装作品。其中最受瞩目的是一款纯白色的纤维外套，层层堆叠犹如中国山水画中的蓑衣。这是创意总监戴姆那·瓦萨里亚（Demna Gvasalia）专门为上海站展览设计的作品，由高级刺绣工坊 Maison Lesage 精心制作完成。路易·威登（Louis Vuitton）在上海黄浦江畔举办 2022 春夏女装大秀。除了展示 10 月巴黎秀场的 43 组造型之外，女装艺术总监尼古拉·盖斯奇埃尔（Nicolas Ghesquière）还专门为上海大秀设计了 19

套全新的造型和 3 款独家手袋。其中，有 4 套造型和 Loop 手袋展示了由标志性的金链和皮革组成的"围巾印花"，Dauphine 和 Petite Malle 两款手袋由先进的激光切割皮革工艺制作而成。

势在必行的可持续发展

一、可持续发展目标、战略与行动

开云(Kering)集团是最早制定可持续发展战略与目标的行业先锋。"可持续发展是集团及旗下品牌和所有利益相关者创新和价值创造的驱动力"[1]，其"2025可持续发展战略"主要从关爱、合作、创新三个方面展开。关爱，即采取行动，通过使用创新工具尝试新的实践操作，落实原本的方法论及严格的标准，努力减少环境足迹，保护地球及自然资源；合作，即实现与利益相关者高品质合作，确保经济、环境、道德、社会等多层面的出色表现，维护丰富的文化遗产，促进平等互利和多样性发展，成为员工的理想雇主；创新，即以不同的方式创造革新，推动变革来影响整个行业，同时以开放共赢的姿态共享资源。[2]

1996年，开云集团前身PPR(Pinault-Printemps-Redoute，巴黎春天

---

[1] https://www.kering.com/cn/sustainability/crafting-tomorrow-s-luxury/.(最后查询日期：2023年2月20日)

[2] https://www.kering.com/cn/sustainability/crafting-tomorrow-s-luxury/2017-2025-roadmap/.(最后查询日期：2023年2月20日)

集团)就已经制定了道德准则，明确提出将以社会与环境责任作为运营和组织建设的核心。2003 年，集团组建可持续发展团队，开始搭建数字环境报告平台。2005 年，集团发布了第一部正式的道德准则，同时建立道德委员会确保该准则的贯彻、执行和及时反馈。2007 年，集团成立可持续发展部门，增设可持续发展官职位。2008 年，集团创立开云基金，支持当地和国际非政府组织，资助社会创业，开展增强公众意识的活动。2009 年，集团旗下多个品牌联动支持由 Yvann Arthus-Bertrand 执导的记录片《家园（Home）》，引导民众了解全球变暖的严重后果，明确指出人类对地球及所有生物负有责任。2010 年，集团将是否实现可持续发展的目标纳入绩效考核标准。2011 年，集团首创环境损益表（Environmental Profit & Loss），尝试以货币单位来衡量商业活动对环境的影响。2012 年，集团发布了 2012 年至 2016 年的可持续发展目标和执行计划，在董事会设立了可持续发展委员会。2013 年，集团修正了原有的道德准则，在亚太地区和美洲地区设立道德预警系统——区域性道德委员会和"道德热线"，同时创建材料创新实验室，作为可持续织物和纺织品的样本库，便于旗下各个品牌的创新团队选择可持续且具有社会责任的替代材料。2014 年，集团与国际自然保护联盟（International Union for Conservation of Nature）和国际贸易中心（International Trade Centre）共同发起"蟒蛇保育联盟"，以实际行动倡导环保理念，在行业内作出表率。2015 年，集团正式发布环境损益表，鼓励企业拟定创新解决方案来评估对环境的影响。2016 年，集团推出 My EP&L 小程序，帮助业内人士通过可视化图像分析对从采购到店铺销售整个过程中产生的环境影响进行评估。2017 年，集团提出"2025 可持续发展战略"——"关爱、合作和创新"，新的目标和愿景是编制可持续时尚的未来；与Plug and Play 创新平台联合推出"Fashion for Good"创业加速器，全力推动颠覆性创新，鼓励改变既定流程并全面实施更具可持续性的策略与行动；与路威酩轩(LVMH)集团共同发布了《时装模特工作关系与健康保障纲领》(*Charter on working relations with fashion models and their well-being*)，聚焦于模特的身心健康、社会形象以及对未成年人执业的具体规定。2018年，集团与伦敦时尚学院(London College of Fashion)联合推出"时尚与可持续发展"慕课，向专业人士和社会大众传播可持续发展的理念和实践经验；发布开云准则，对旗下所有品牌和供应商的行业环境和社会要求拟定具有指导性的官方标准清单，向集团的合作伙伴开放开云道德预警系统；发布行业内第一份年度可持续发展综合性报告。2019年，宣布从2020年起旗下所有品牌只与满18周岁以上的模特合作；与法国时装学院(IFM, Institut Français de la Mode)共同设立"可持续发展讲座教授"职位，来负责创建时尚行业内一流的教研中心，整合可持续发展及社会责任方面的资源；承诺将在自身运营和整个供应链中实现碳中和；提交并率先签署《时尚业环境保护协议书》，在气候、生物多样性和海洋保护方面作出承诺；在中国举办了首届"K Generation论坛及颁奖典礼"，表彰在纺织产业价值链中提供突破性解决方案的中国初创企业，推动中国的可持续创新进程。2020年，集团发布了《可持续发展进展报告》，展示2017年提出"2025可持续发展战略"后的行动和成效，同时提出生物多样性战略，分避免、减少、恢复和再生、转变四个阶段遏制生物多样性的丧失，恢复生态系统和物种，促进供应链以外的系统性改革。2022年，集团宣布从2022秋季系列开始，旗下所有品牌都不再使用动物皮草，严格执行动物福利标准，重申奢侈品与最严格的环境、社会价值及标准密不可分。①

---

① https://www.kering.com/cn/sustainability/crafting-tomorrow-s-luxury/historic-commitment/. (最后查询日期：2023年2月20日)

路威酩轩（LVMH）集团从成立之初就将"可持续发展"列为其价值观的一部分，坚持以实际行动兑现在伦理道德、社会责任和环境保护等方面的承诺，确保旗下所有品牌的产品及其生产方式对整体生态环境和所在的地区产生积极影响。① 2012 年，集团推出 LIFE 计划（LVMH 环境举措），将"可持续发展"纳入整体发展战略之中。2016 年，集团提出旗下所有品牌要达成四项共同目标，即优化所有产品的环境绩效、在供应链中部署优异标准、在所有工厂内提高环境效率的关键指标和减少二氧化碳排放。2020 年，集团在实现前述目标的基础上进一步推出了 LIFE360（LVMH 环境倡议）新计划，立足于 2023 年、2026 年和 2030 年三个关键的时间节点，围绕保护生物多样性、应对气候变化、循环经济和透明度四大支柱展开：力争到 2026 年完全使用可再生能源，在全球所有生产基地和门店实现温室气体排放量减少一半；发展再生农业，控制对生态系统的影响；到 2030 年实现 100%使用生态设计方法制造产品并对所有使用的材料实行区块链追溯。②

2019 年，路威酩轩集团与联合国教科文组织（UNESCO）签署了为期五年的合作协议，支持政府间的"人与生物圈"（Man and the Biosphere）科学计划，在全球范围内促进生物多样性保护并根据联合国的目标实施良好的可持续发展举措，"立足于自然和创造力的结合，开创'新型奢侈品'的美好愿景"③。2021 年 9 月，集团在世界自然保护大会（Congrès Mondial de la Nature）上宣布继续与联合国教科文组织展开更深入的合

① https://cn.lvmh.com/集团/关于 lvmh/价值观-lvmh/.（最后查询时间：2023 年 3 月 2 日）

② https://cn.lvmh.com/集团/lvmh 承诺/社会责任与环境责任/life-360-lvmh/.（最后查询时间：2023 年 3 月 2 日）

③ https://cn.lvmh.com/集团/lvmh 承诺/社会责任与环境责任/iucn/.（最后查询时间：2023 年 3 月 2 日）

作，共同保护生物多样性。

从 2016 年开始，路威酩轩集团设立了每两年颁发一次的"LIFE 店铺奖"（LIFE in Stores Awards），表彰为改善门店环境绩效所实施的最符合可持续发展战略的创新举措，在包装、照明、室内空气质量、能源、室内设计和维修等方面为旗下品牌指明改善方向和创新灵感。① 2017年，集团与开云集团联合发布《时装模特工作关系与健康保障纲领》，并于 2018 年推出 WeCareForModels.com 网站，向时装模特提供专业建议。2021 年，集团推出 Nona Source 平台，采用全数字化运作方式，在线上转售集团旗下品牌的高品质库存材料，革新采购环节，鼓励创造性重复利用，推动循环经济。同年，集团与伦敦中央圣马丁学院联合推出"Maison/0，再生奢华"特别项目：设立 LVMH 专项奖学金，为致力于环保创作的艺术家、设计师和制作者提供支持；实施 LIFE 360 环境项目，研究用再生材料制作产品原型，解决生物多样性、循环性和透明度等问题；鼓励下一代创新型人才提出具有颠覆性的可持续发展课题，积极应对生物多样性足迹所带来的挑战；设立挑战基金，支持学院毕业生与集团旗下品牌持久对话，推动可持续创新的先锋实践与应对环境问题的创新理念相融合；设立"绿色道路"（Green Trail）和"此间地球奖"（This Earth Awards）两项大奖，分别奖励对自然最有利的毕业设计项目和优秀的艺术实践项目。② 此外，路威酩轩集团还与环境学院达成长期合作：利用线下课程、在线学习、虚拟课堂等多种教学资源制作课程，为员工提供与保护自然资源相关的指导和培训，不断提高员工的环保意识；推出由行业专家、研究人员或相关机构主席组织的 LIFE Event 讨论会议，

---

① https://cn.lvmh.com/集团/lvmh 承诺/社会责任与环境责任/life 店铺奖-lvmh 计划/.（最后查询时间：2023 年 3 月 2 日）

② https://cn.lvmh.com/集团/lvmh 承诺/社会责任与环境责任/maison0/.（最后查询时间：2023 年 3 月 2 日）

帮助集团内部可持续发展岗位的高级管理人员加深对环保热点问题的认识。①

香奈儿(Chanel)一直将气候变化视为环境和社会问题,认为品牌有责任减少业务影响并超越自身的环境足迹以推动可持续发展进而创造恒久的价值。2020年,香奈儿发布了面向2030年的"Chanel Mission 1.5"气候计划,提出应对气候变化的具体策略,努力减少运营和价值链过程中的碳足迹,达成《巴黎气候协定》目标:到2025年,使用可再生电力资源的比例达到100%;到2030年,碳足迹减少50%,来自价值链的排放减少40%。2022年1月,香奈儿首个采用全球生态设计方法构建的产品系列——一号红山茶花系列问世。在研发过程中,品牌将每种产品从原料采购到包装废弃的完整生命周期纳入考量,强调减少碳排放和对环境的负面影响:产品配方中有最高达97%的天然成分和76%的山茶花提取物,其中一些原材料采用严格的环保方式种植;为减少产品的碳足迹,外包装采用环保理念设计,玻璃罐和瓶子包装的平均重量减少30%,其中面霜还备有补充装;在辅助销售物料方面,所有销售点使用的聚甲基丙酸甲酯(PMMA)塑料90%以上来自再生资源;库存仓库尽可能靠近生产设施,减少中间环节以实现额外的碳减排。在产品交付方面,香奈儿推出"全球货运转型计划",减少运输过程中的碳足迹:在空运不可避免的情况下,转向使用产生二氧化碳较少的航线和货运航班;在条件允许的情况下,尽可能从空运转向海运,尤其在亚太地区,以海运作为向主要市场运输香水和美容产品的主要方式;日常为线下门店送货时尽量使用电动交通工具。在协同工作方面,香奈儿不断深化与供应商、合作伙伴、相关组织机构之间的合

① https://www.lvmh.cn/集团/lvmh承诺/社会责任与环境责任/环境学院-lvmh计划/.(最后查询时间:2023年3月2日)

作：强化与供应商的关系，维护采购和招标流程；为剑桥可持续发展领导力研究所（Cambridge Institute for Sustainability Leadership）、摩纳哥科学中心（Centre Scientifique de Monaco）、RE100 可再生电力倡议（100% Renewable Electricity）、时尚公约（Fashion Pact）等机构和组织提供资助，推动时尚行业的可持续发展与改革；与巴黎高等师范学院（École Noramle Supérieure）等学术机构达成合作，资助多个研究项目，探索未来气候问题解决方案的关键领域。①

爱马仕（Hermès）从 1837 年创立至今，始终坚持挑选最优质的材料，运用精湛的手工技艺，打造经久耐用、世代相传的品质之作，也始终坚守对文化、社会和环境的承诺，采取负责任的生产、销售、合作等方式，推动可持续发展：在世界各地建立维修工坊，提供精细的修复和保养服务，让许多作品重新焕发光彩；强调精益生产，将可循环原则融入制造过程，专注研发创新的替代材料；开设学徒培训中心，培养新生代工匠，传承卓越工艺；在法国本土枢纽地区建立生产基地，遵循可持续发展的建筑标准完成基础设施建设，同时提供培训，帮助员工融入当地的社会和文化体系；与供应商保持长期合作关系，共同履行社会责任，确保供应的稳定性和可追溯性；每个采购项目都设定第三方认证目标，到 2024 年实现纺织品和皮具 100% 认证；重视供应链的透明度、安全性和本土化，降低对环境的影响；在生产过程和生产基地建设过程中降低能源的消耗，减少碳排放；建立爱马仕基金会，以实际行动保护生物多样性。②

---

① https://www.chanel.cn/cn/climate-report/.（最后查询时间：2023 年 2 月 26 日）

② https://www.hermes.cn/cn/zh/story/158031-Sustainable-Development/.（最后查询时间：2023 年 2 月 27 日）

二、可持续发展方式与举措

采用天然材料和开发新型生态材料(如再生尼龙、皮革替代品、合成纤维)是各大品牌推进可持续实践的主要方式。

2018 年 4 月，德国奢侈品牌雨果·博斯(Hugo Boss)推出了一款纯素运动鞋，采用菠萝叶纤维皮特殊天然纤维面料和植物天然染色材料，搭配环保再造 TPU 胶鞋底、有机棉鞋带和亚麻混棉内衬，整个制作工序中没有产生任何有毒物质或重金属。2020 年 10 月，品牌发布了 2020 秋冬责纫(Responsible)系列，包括责纫宣言胶囊(Capsule)、责纫航海胶囊(Sailing Capsule)和责纫制衣-可溯源羊毛(Traceable Wool)三大品类，全部采用有机棉、再生纤维和可溯源羊毛等环保面料制作。同时"责纫可持续时尚平台"邀请中国内地年轻艺人朱正廷担任"Z 世代大使"，打造"责纫小课堂"，开设不同主题的环保直播课，引导公众为可持续发展助力。

2019 年 4 月，拉夫·劳伦(Ralph Lauren)将经典设计与自然元素相结合，推出了环保主题的 Earth Polo 特别系列。每一件单品均采用由回收塑料瓶加工而成的再生纤维面料，运用高科技无水染色技术染成绿色、白色、海军蓝和浅蓝四种天然色彩，带来安全环保、舒适自在的穿着体验。2019 年 7 月，先锋时尚品牌 Stella McCartney 与阿迪达斯(Adidas)合作推出了两款使用新型材料的概念服装——100%可循环面料连帽衫(Infinite Hoodie)和生物纤维网球裙(Biofabric Tennis Dress)。2021 年 3 月，该品牌与美国生物技术公司 Bolt Thread 合作推出了全球首款使用类皮革材料 Mylo 制作的服装。这种可再生材料源自野生蘑菇根部的菌丝体，质地柔软而坚韧，外观和手感与真皮皮革类似，是极佳的皮革替代品。

2019 年 6 月，普拉达（Prada）发布开创性的"Prada Re-Nylon"再生尼龙项目，推出了 6 款使用 ECONYL® 再生尼龙材料的经典款包袋。ECONYL®是普拉达与面料生产商 Aquafil 合作开发的一种以废弃塑料为原材料的可再生尼龙，是对海洋塑料废物、纺织纤维废料和工业废弃物等材料进行收集、解聚合和再聚合后产生的优质聚合物，具有属性稳定、可反复回收的特性。2020 年，品牌发布了新的再生尼龙系列，除经典的包袋之外，还包括成衣、配饰和鞋履，同时宣布在 2021 年将旗下包袋产品中的传统尼龙全部替换成再生尼龙。2020 年 12 月，普拉达与阿迪达斯（Adidas）推出了"A+P Luna Rossa 21"联名款运动鞋。这款鞋的鞋面由阿迪达斯自主研发的高性能环保材料 Primegreen 制成，外壳和鞋鞍的材料分别是热塑性聚氨酯（E-TPU）与合成麂皮。其中，Primegreen 是一种由回收物合成的功能性织物，主要成分为再生聚酯纤维，不含任何塑料成分，质感和触感与真皮十分相似，是优质的皮革替代品。

2020 年 4 月，博柏利（Burberry）推出了"ReBurberry Edit"可持续环保系列。该系列所有产品均使用新型的环保材料，其中经典款风衣和大衣、印花图案的背包和腰包等由 ECONYL® 再生尼龙制作而成，太阳眼镜的原材料则是生物醋酸纤维。2021 年，珑骧（Longchamp）推出全新的 Le Pillage Green 系列。一个包袋制作过程中的碳排放量仅为一条牛仔裤的 1/7，包身的材料是由废弃的渔网、地毯、尼龙袜以及织物生产中产生的边角料等经过特殊工艺加工而成的再生聚酰胺帆布，制作肩带的再生聚酯源自回收的废旧塑料瓶，五金件的材质是再生金属，外包装的材质是再生聚乙烯。①

---

① 《Le Pliage Green 的绿色小心思》，"珑骧 Longchamp"官方微信公众号。2021 年 7 月 30 日推文。

2020 年 6 月，古驰（Gucci）首次发布 Gucci Off The Grid 可持续系列，推出的成衣、包袋、鞋履和配饰以 ECONYL®再生尼龙为主要材料，还使用了无金属鞣革、循环涤纶纱线和衬料、循环黄铜、循环黄金和钯金镀层配件、不含溶剂的粘合剂等更具有可持续性的环保材料。2021 年 6 月，古驰推出了"Gucci Basket""Gucci New Ace"和"Gucci Rhyton"三款纯素皮革运动鞋，鞋面的大部分区域和部分衬里使用了新型可持续材料 Demetra，还用到了有机棉、再生钢材和聚酯纤维等。其中，Demetra 是品牌自主研发的一种高端环保材料，制作原料主要来自植物，不含任何动物成分，兼具柔韧性、耐久性和伸缩性，是真皮皮革的优质替代品。2021 年，古驰携手户外品牌乐斯菲斯（The North Face）发布了一系列联名服饰单品，还特别推出了帐篷、睡袋、背包等户外机能装备，这些新产品均由 ECONYL®再生尼龙材料制成。

2021 年 7 月，香奈儿（Chanel）与奢侈品包装方案公司 Knoll Packaging 合作，用该公司的专利环保材料 Knoll Ecofom 纸浆为"5 号工厂限定"（Chanel Factory 5）系列香水打造环保包装。这是一种由竹子、木头和甘蔗纤维制成的新型植物材料，可以生物降解和完全回收。9月，香奈儿携手时尚包装生产商 Groupe Pochet 为经典的"香奈儿 5 号"（Chanel N°5）浓香水打造了首款可回收玻璃包装瓶。这种包装瓶的玻璃材料名为 Seve 3，制作原料中含有 15% 的家用废弃玻璃，其透明度可接近水晶。同时，香奈儿还与芬兰科技公司 Sulapac 合作，为"香奈儿之水"（Les Eaux de Chanel）系列香水开发了一款生物基瓶盖，当中 91% 为生物基原料，来自可再生资源和由森林管理委员会（Forest Stewardship Council）认证的木料。

2022 年初，华伦天奴（Valentino）推出"Open for a Change"可持续发展项目，首次尝试用再生生物基材料代替传统的皮革，重新打造经典款

Open 和 Rockstud Untitled 运动鞋。两款鞋的鞋面和 Open 运动鞋的侧面使用了玉米基多元醇粘胶纤维和聚氨酯，鞋带的材质为再生聚酯，Rockstud Untitled 运动鞋上的铆钉装饰则来自再生尼龙。10 月，罗意威（Loewe）与瑞士运动品牌昂跑（On）达成合作，发布了"Loewe ✕ On"胶囊系列，包括 13 款男女运动鞋、6 款男士成衣、6 款女士成衣和 1 款中性大衣。这些单品大量使用了再生聚酯纤维，产品的包装也全部使用可再生材料。

一向高高在上的顶级腕表品牌和以使用珍稀皮革著称的爱马仕也悄然发生了改变。2018 年，为了呼吁大众重视海洋垃圾问题并参与清洁海洋的行动，瑞士顶级腕表品牌百年灵（Breitling）推出了超级海洋文化二代计时腕表（Superocean Héritage II Chronograph）44 Outerknown 特别版。这款腕表的表带采用了 ECONYL® 纱材料，是一种用海洋回收的尼龙废料加工而成的创新材料。2022 年，瑞士高级腕表品牌沛纳海（Penerai）首次推出了使用 eSteel™ 再造钢合金打造的潜行（Submersible QuarantaQuattro）系列腕表。这是一种采用了 95% 的消费前废弃钢材回收材料制成的新型环保金属，在物理结构、化学特性和耐腐蚀性上可以达到传统精钢的水平。2021 年 3 月，爱马仕携手美国科技创业公司 MycoWorks，用独家合作研发的纯素皮革 Sylvania 打造了一款可持续材质版本的维多利亚（Victoria）旅行包。这是一种源自蘑菇菌丝的生物材料，在实验室内用灵芝的根部结构培养出菌丝体后经工匠鞣制和加工而成，在柔韧度、耐久性和触感上与真皮皮革相似，引起了时尚界的广泛关注。

有些品牌推出了官方护理、维修、换新和转售服务，以不同的方式延长产品的生命周期，实现"旧貌换新颜"。路易·威登把加强维修服务看作品牌可持续发展计划的重要组成部分，在全球建立了 12 个地区性维修工坊，1200多名专业维修人员每年为近50万件商品提供修复、翻新和保养服务，部分国家和地区的顾客还可以通过线上预约与维修专家视频沟通，以最快的速度解决问题，无需特地前往线下门店。2022年12月，品牌宣布维修服务将覆盖所有已售出的产品，顾客可在官网进行维修登记后邮寄产品或直接将产品送往门店。爱马仕在全球设有15家维修工坊，所有工匠都接受过最专业的培训，为客户提供更换配件、修色改色、修补缝线、保养维护等服务。2021年6月，品牌在日本大阪开设了全球首家有常驻工匠的"售后柜台"（Hermès Aftersales Counter）。这是第一家对外营业的官方维修店，能够为所有爱马仕的产品提供清洗、护理和维修服务，还可以处理各种"疑难杂症"。2021年初，香奈儿（Chanel）推出了全新的维修项目"Chanel & Moi"，宣布将当年4月以后购买的包袋产品的保修期限延长至五年，同时计划逐步在全球所有门店推行"Chanel Restoring Care"精细护理服务。同年7月，品牌在日本大阪开设了一家名为"Les Ateliers"的修复工坊，为已售出的包袋产品提供全面的维修及护理服务。英国高端皮具品牌玛珀利（Mulberry）一直为官方渠道购买的产品提供免费维修服务，全新产品的服务期为1年，二手产品的服务期为6个月。所有维修全部在原工厂完成，周期为5周至16周。2020年，该品牌在伦敦和纽约门店推出了"Mulberry Exchange"（换新）服务。顾客把不再使用的包袋送到门店，由门店对产品进行鉴定、评估、回收和修复，然后再重新上架销售。即使是无法修复的产品，也会送回原厂，在创新能源回收系统中进行特殊处理后再二次利用。2021年4月，品牌在官方网站上开辟了专区，用户登记后可在英国本土所有线下门店和线上服务点永久享受换新服务。华伦天奴（Valentino）在2021年推出了Valentino Vintage转售项目。顾客首先在品牌官网的项目专区提交商品的照片，初步审核通过后携带实物前往门店获取报价，接受报价后便可办理转售手续并获得购物积分。转售商品会在米兰、纽约、洛杉矶和东京的四家中古时装店上架出售，所得积分可以在品牌的线下门店进行消费。

有些品牌尝试对剩余的库存材料、制作过程中留下的边角料、积压或滞销的产品等进行回收改造。早在 2010 年爱马仕（Hermès）就创立了 petit h 工坊，用制作包袋剩余的皮料和其他边角材料打造创意产品，如皮革配饰和实物模型等。这些独一无二的作品每年会在全球各地的线下门店巡回展览。品牌将这一行动称作"回归再创造"（La recréation fait sa rentrée），希望传达出"物尽其用"的环保理念。菲拉格慕（Salvatore Ferragamo）在 2021 年 10 月发布了全新的 Icon-Up 限量系列。该系列共有包括经典的 Vara 单鞋在内的 300 多件精选单品，全部由意大利 Manovia 制模实验及制造工坊的工匠们利用不再销售的产品和库存材料重新打造而成，包装盒使用的"Favini Remake 纸"混合了 30% 的废纸浆和 25% 的皮革废料，抽绳防尘袋和双皮绳则来自剩余的边角材料。以使用高级面料著称的诺悠翩雅（Loro Piana）很早就开展了关于利用剩余材料的创新性实验项目。2021 年推出的秋冬 RE-MIX 男士胶囊系列服装和配饰使用了该项目的最新成果——美利奴 Super150 羊毛与生物基经线打造的高性能羊毛面料。

此外，一些集团和品牌借助网络和社交媒体推出各种环保主题的数字内容，持续向年轻群体传达可持续时尚理念。早在 2013 年开云集团就创立了"材料创新实验室"（Material Innovation Lab），主要负责研究可持续的织物和纺织品，帮助旗下的品牌及其供应商进行以环保为导向的产品开发。2021 年 4 月，集团推出了"创新材料对对碰"小程序游戏，为大众揭开了实验室的神秘面纱。玩家在游戏中以闯关的方式收集卡片，每一张卡片对应一种高科技纺织技术或面料，如阿布鲁佐羊毛、人造毛、100%可溯源马海毛、再生尼龙、纤维素再生纤维、创新染色、再生编织等。2020 年 8 月，该集团旗下的古驰(Gucci)品牌推出了电子游戏"冲浪高手"(Gucci Surf)，让玩家化身为年轻的冲浪明星 Leonardo Fioravanti，在海浪中驰骋的同时收集漂浮在海面上的塑料和垃圾，以轻松有趣的方式强调保护海洋环境和提升环保意识的重要性。2021 年 8 月，珑骧(Longchamp)在各大社交媒体上同步推出了环保主题的喜剧影片《珑骧闯关剧本杀》。影片讲述了法国著名喜剧演员玛丽·帕比隆(Marie Papillon)闯过超级变变变、萌宠大作战和工坊闯关升级三道关卡寻找珑骧手袋的故事，以轻快诙谐的方式呈现 Le Pliage Green 系列手袋的环保特色和品牌所坚守的可持续发展理念。

势头强劲的体验经济

入局体验经济是时尚品牌增加业务形式、提高服务水平和传达品牌理念的新尝试。打造餐厅、酒吧、咖啡店、茶室等生活方式业态的门店、快闪店和主题活动，构建体验式的休闲消费场景，能够提振核心消费人群的购买兴趣，也是连接新消费人群的重要途径。

早在 2007 年，香奈儿(Chanel)就携手法国传奇厨师阿兰·杜卡斯(Alain Ducasse)在东京银座开设了全球唯一一家香奈儿主题餐厅——Beige Alain Ducasse Tokyo。餐厅以品牌创始人嘉柏丽尔·香奈儿(Gabrielle Chanel)女士最爱的米色(beige)为主色调，素净的米色地毯与经典粗花呢(Tweed)质地的沙发、靠垫、抱枕和桌布将她毕生坚守的"简单与优雅"的美学理念体现得淋漓尽致。空间的细节处大量运用经典的字母标志，连电梯的按钮也不例外，甚至两张座椅背靠背也能拼成"双 C"形状。餐盘、杯盏和刀叉均出自法国皇室御用餐具品牌昆庭(Christofle)，不仅以优质的骨瓷和水晶为材料，还添加了金、银、铜、木等不同材质的装饰。主厨精心挑选最好的当季食材，在法餐烹饪方式中融入日式和风元素，创作出兼具传统风味与现代质感的菜式。菜品的摆盘简洁雅致又不失浪漫，延续了香奈儿一贯的优雅风格。连服务人员穿着的白色衬衫和黑色西裤也是由品牌创意总监卡尔·卡格菲尔德亲自设计，与品牌标志性的黑白配色保持一致。餐厅开业至今已经十几年，一直是全亚洲最热门的时尚人士聚集地。

2014 年，意大利奢侈品牌普拉达（Prada）收购米兰市中心拿破仑大街（Via Montenapoleone）上的百年老字号 Pasticceria Marchesi 甜品店，将其改造成高端甜点餐厅。这是一个由绿色、粉色和浅杏蓝色交织而成的彩色空间，与普拉达的意式美学风格一脉相承。薄荷绿色的大理石花纹墙壁搭配同色系的花卉提花织锦，深色的大理石地面呼应木质的横梁和框架，绿色的天鹅绒座椅环绕着浅色的大理石餐桌，各种糖果色的甜点整齐地摆放在透明的玻璃展示柜里，将时尚感、复古感和高级感巧妙地融为一体。这里依然保持着两百多年前的糕点制作工艺，坚持现场手作巧克力、糖果、饼干以及各种传统的意式甜点，吸引了无数时髦青年前来"打卡"。

2015 年 6 月，迪奥（Dior）在韩国首尔开设了全球第一家主题咖啡店 Café Dior by Pierre Hermé。店铺位于江南区清潭洞品牌旗舰店的五楼，采用全玻璃幕墙，入口正前方是一整面以迪奥经典服饰设计为主题的插画墙，整个空间以经典的迪奥灰（Dior Gray）为主色调，浅灰色的座椅搭配浅紫、微蓝、淡粉和清绿的靠背，沉灰色的桌面摆放着黑白花纹的餐具和银色的刀叉，甜品台上方的亮片装饰隐隐散发着奢华的气息，特殊纹理的灰白墙面呈现出别样的质感。法国顶级糕点师皮埃尔·艾尔梅（Pierre Hermé）为餐厅精心设计了专属的菜单，通过细致的调味赋予甜点独特的味道，其中结合了覆盆子、荔枝和玫瑰口味的 Ispahan 冰淇淋圣代、香草口味的拿破仑蛋糕和不同风味的马卡龙（即夹心杏仁小圆饼）颇受年轻人欢迎。值得一提的是，咖啡厅旁的休息区内有一整面图书墙，摆满了各种关于迪奥的图书，吸引了许多想要了解品牌文化和历史的时尚爱好者。2022 年 5 月，迪奥在首尔圣水洞的全新概念店中开设了第二家咖啡店。店内有一面以"梦幻花园"和"灵感丛林"为主题的数字媒体墙,其灵感来源于创始人迪奥先生童年时在格兰维尔(Granville)住过的别墅,以直观的形式讲述品牌的核心故事与发展历程,给顾客带来独一无二的沉浸式体验。

2018 年 1 月,古驰(Gucci)与米其林三星主厨马西莫·博图拉(Massimo Bottura)合作,在位于佛罗伦萨的古驰花园博物馆(Gucci Garden Galleria)中开设了第一家 Gucci Ostera 餐厅。整个空间以花园中充满生机的绿色为主色调,墙壁的上沿用金色字母写着 15 世纪狂欢节颂歌《Canzona de' sette pianeti》的歌词,时刻提醒着客人们佛罗伦萨是文艺复兴时期最重要的城市,具有悠久的历史和厚重的人文传统。餐厅共设 50 个座位,提供传统的意大利菜式和少量的创意菜品。所有餐具都出自 Gucci Décor 家饰系列,图案和纹路与整体的花园主题保持一致。这里与古驰主题博物馆相连,餐前或餐后还可以去参观了解品牌在不同时期的经典设计和标志性单品,浓厚的艺术气息吸引了众多热爱文艺的时尚青年。

2019 年 9 月,法国奢侈品牌圣罗兰(Saint Laurent)在巴黎右岸旗舰店旁开设了首家咖啡店 Café Saint Laurent。装饰风格延续了圣罗兰一贯的黑白极简风格,黑色的墙壁和天花板上只有白色的字母灯带和线条灯管,黑色的大理石桌面上摆着长方形的白色托盘,就连咖啡机、餐盘、杯碟和开瓶器也都是黑色,上面简单地印着白色的品牌标志。这里不仅有各种咖啡饮品、法式面包和特色甜点,还提供精挑细选的音乐,每一份餐盒和每一个咖啡杯上都附有二维码,顾客可以随时扫码听歌,歌单还会定期更换。店铺距离著名的杜勒丽花园(Jardin des Tuileries)仅几步之遥,处于巴黎时尚圈的中心地带,早已成为各路时尚达人必到的"打卡地"。

2019 年 12 月，著名珠宝品牌蒂芙尼(Tiffany & Co)在位于上海香港广场的旗舰店二楼开设了全球第三家及中国大陆首家主题咖啡厅"The Tiffany Blue Box Café"，用标志性的"蒂芙尼蓝"打造了一个唯美的用餐空间，将电影《蒂芙尼的早餐》中的浪漫情节变成了美妙的现实。整间咖啡厅是一个巨大的蓝色礼盒，目光所及之处皆是经典的蓝白配色：皮质的蓝色沙发，简洁的白色吊灯，还有蓝白相间的骨瓷餐具。与一般的咖啡厅不同，这里不仅有常见的咖啡和甜点，还有精心设计的英式下午茶、全天候供应的西式正餐、精致的鸡尾酒和特色软饮，周末还有特制的美式早午餐。每一道菜式都包含品牌经典元素的细节，不同的用餐时段会更换相匹配的餐具，为顾客营造十足的仪式感。咖啡厅开业后迅速成为上海时髦青年的聚集地。

2020 年 7 月，博柏利(Burberry)在中国深圳万象城一楼的"Burberry 空·间"开设了在亚洲的首家咖啡店"Thomas's Cafe"。大地色调的桌椅和窗幔，镜面的天花板和桌面设计，加上经典的动物王国壁画装饰，打造出一个以"丛林印象"为主题的趣味空间。餐具和茶具上的印花图案出自该品牌的丛林"印"趣系列，灵感来自创始人托马斯·博柏利(Thomas Burberry)家族餐具上的独角兽徽章。英式茶艺与中式茶道在这里擦出奇妙的火花，经典的英国伯爵茶与传统的中国普洱茶和乌龙茶是下午茶的最佳选择，精心制作的特饮和甜点也无一不透露着中西元素融合的巧思。

2020 年 2 月，路易·威登(Louis Vuitton)在日本大阪开设了全球首家拥有咖啡店和餐厅的旗舰店。"Le Café V"咖啡店位于店铺顶层的露天平台，同时也设有室内吧台和座位，店内使用的咖啡机来自意大利百年品牌 FAEMA，每一杯咖啡上都有经典的花瓣图案拉花。咖啡店角落处几只堆放在一起的老花硬质行李箱是一扇隐藏门，直接通往"Sugalabo

V"餐厅。餐厅的主理人是日本著名的法餐主厨须贺洋介，餐具由日本皇室宫内厅的深川制瓷打造，桌椅来自品牌自有的 Objets Nomades 家居系列，就连食材也陈列在不同大小的经典款箱包里，为顾客提供极致的消费体验。2021 年 3 月，路易·威登完成了对日本东京银座旗舰店的整体翻新，店内除咖啡店和餐厅外，还开设了全球首家"Le Chocolat V"巧克力专卖店，所出售的盒装巧克力产品有 4 块、9 块、16 块和 125 块四种规格，外观采用经典的硬箱形状和标志性的 Monogram 老花图案，颇受年轻顾客喜爱，许多人甚至专门来排队购买。2022 年 5 月，路易·威登与百年甜点品牌 Méert 合作，在法国里尔市中心的旗舰店一楼开设了一间茶室，为顾客提供各式热饮和印有经典 Monogram 老花标志的马达加斯加香草华夫饼。这间茶室只限时开放了三个月，吸引了全球各地的品牌爱好者专门前往"打卡"。6 月，路易·威登携手巴黎炙手可热的米其林星级厨师莫里·萨科（Mory Sacko），在法国蔚蓝海岸的旅游胜地圣特罗佩（Saint-Tropez）开设了全球首家独立餐厅"Mory Sacko at Louis Vuitton"。餐厅位于 White 1921 酒店内，主色调为极简的纯白色，背景墙以浮雕工艺呈现品牌的名称，米色的沙发搭配深色印花图案抱枕，四周装点着 Objets Nomades 家居系列的悬挂式皮灯，随处可见品牌的经典花纹图案和字母标志。为呼应品牌所推崇的旅行精神，主厨将日式料理与传统法餐相融合，打造以"火车站便当"为主题的季节菜单，在社交媒体上引起轰动，很快便收到大量的预约订单。同年 11 月，中国首家路易·威登餐厅落户四川成都远洋太古里的广东会馆，取名"THE HALL 会馆"。餐厅在外观上完整地保留了这座历史建筑的原貌，室内设计则采用橙、粉、金三种色调，将建筑本身的古朴风貌与精致优雅的法式风格结合起来，软装部分依然来自 Objets Nomades 家居系列，两层空间的悬空位置还特别打造了一个四川火锅形状的皮革水晶吊灯。

整间餐厅共有 60 个座位，提供预约式午餐、下午茶及晚餐服务，定期邀请来自不同国家和地区的米其林星级厨师担任客座主厨，定制专属的季节性菜单。尽管人均消费达到 3000 元，餐厅还是吸引了大批想要体验高端服务的年轻人，预约订单已排到半年之后。

近几年，爱马仕（Hermès）在拓展体验式营销方面也表现得相当积极，先后在巴黎、纽约、东京、首尔和上海等城市开设了爱马仕咖啡店"Hermès Café"。上海店位于淮海中路爱马仕之家（Hermès Maison）的二楼，仅对贵宾客户开放，餐桌椅由品牌自有的精选级皮料制作而成，使用全套丛林系列餐具，每一杯咖啡上都有品牌经典图案做成的拉花。首尔店位于道山公园爱马仕之家的负一层，在空间布局和装饰风格上保持了爱马仕一贯的低调稳重，沙发、桌椅和餐具全部来自品牌旗下的高端家居系列，向大众提供咖啡、甜点和简餐。店内还设有一个小型图书馆，汇集了 250 多册不同语言的图书，主题包括骑马、打猎、旅行、运动、艺术、服饰等，每一册书上都附有象征着"爱马仕之家"藏书标志的藏书票。东京店位于爱马仕银座旗舰店二楼，是一间隐蔽的香槟吧名为"Puiforcat Champagne Bar"。整个空间以红棕色为主色调，墙壁和天花板上点缀透明的冰块形装饰，随意摆放着几张厚重的皮沙发，保持了品牌一贯低调奢华的风格。除香槟酒以外，这里也提供咖啡、甜点和简餐，单点咖啡还会附赠两块经典包袋形状的巧克力，出乎意料的亲民价格吸引了许多想要感受顶级品牌魅力的年轻人。

2020 年，法国品牌梅森马吉拉（Maison Margiela）携手中国精品咖啡品牌 Seesaw Coffee 在上海芮欧百货开设快闪店。2021 年，梅森马吉拉在日本东京与当地的"Café：Monochrom"咖啡店打造联名快闪店，推广特别拍摄的纪录片《Martin Margiela：In his own words》。2022 年 6 月，该品牌的第一家正式咖啡店在成都太古里开幕，以"店中店"的形式售卖咖啡和甜点。随后，上海的店中店和深圳的限时咖啡空间也相继开门迎客。

2022 年 4 月，法国珠宝品牌卡地亚（Cartier）在重装开幕的成都太古里精品店内开设了一间向贵宾开放的茶室。室内混合了巴黎宫廷酒廊的古典韵味和四川茶馆的烟火气息，将不同色彩、图案和质地的织物与木质元素相结合，整体氛围舒适雅致又不失活力。茶室的深处还设有一间私人会客厅，用中式古典园林标志性的圆形门隔开，打造出精致柔和的私享空间。除了常见的咖啡和饮品以外，这里还提供竹叶青绿茶、功夫红茶等四川本地的经典茶饮，以及烟熏玫瑰普洱、雀舌柑橘虹吸茶、冷萃黑茶等新中式茶饮。菜单上不仅有布丁、马卡龙、蛋糕等西式甜点，还有红糖锅盔、口水鸡卷、鸡汤抄手等成都特色小吃，丰富多元的选择带给客人独特的体验。

第四章

青年视角下的时尚品牌文化观

时尚品牌的文化视角

对当代年轻人来说，时尚消费的核心要素已悄然发生变化。产品质量、制作工艺和设计风格等仍然是消费选择时的重要参考因素，但已经不足以影响最终的购买决策，品牌自身的文化底蕴和文化表述变得越来越重要。在新环境下成功的时尚品牌，不但要对当下的潮流和外界的期待作出积极回应，还应该加强文化建设，成为真正的文化驱动者。①

事实上，奢侈品牌很早就意识到文化宣传的重要性，一直在着力打造独特的品牌文化。一方面，设计并组织兼具"文化力"与"艺术性"的时尚活动，能连接多元文化，引发更深入的思考，鼓励多样化的创新，满足消费者尤其是年轻消费群体对内容品质的要求；另一方面，关联文学、影视、艺术等形式的文化内容能使品牌的形象更加深入人心，凸显品牌的文化内涵并使之更易感知。

一、普拉达(Prada)

意大利奢侈品牌普拉达(Prada)是倡导时尚与文化相融合的先行者，

---

① 《品牌文化认同感有多重要？可能是点石成金的秘诀所在》，"WWD 国际时尚特讯"微信公众号，2020 年 7 月 30 日推文。

一直保持着同文化领域交流与合作的传统，擅长通过与艺术、电影、建筑等不同文化形式之间的持续对话打造超越时尚本身的独特品牌风格，体现人文和精神层面的关怀与共鸣。他们在文化交流上所作的努力，看似与主业无关，却最终铸就了品牌的护城河。①

　　首先，普拉达通过与电影界的合作将品牌精神传播到更广阔的天地。首席设计师缪西娅·普拉达（Miuccia Prada）女士曾主导或参与设计了澳大利亚著名导演巴兹·鲁曼（Baz Luhrmann）的多部影视作品的服装造型。早在 1996 年，她就为《罗密欧与朱丽叶》（*Romeo + Juliette*）的男主角莱昂纳多·迪卡普里奥（Leonardo DiCaprio）设计戏服。2013 年，他们在电影《了不起的盖茨比》（*The Great Gatsby*）中又再度合作。2022 年 5 月，她携手奥斯卡获奖设计师凯瑟琳·马丁（Catherine Martin），为电影《猫王》（*Elvis*）的主要角色设计戏服。在深入研究猫王和他的前妻普瑞希拉·普雷斯利（Priscilla Presley）的着装风格的基础上进行再创作，采用普拉达（Prada）和缪缪（Miu Miu）两个品牌的多套定制造型和经典款式，最终呈现出高度还原角色的造型效果。2022 年 9 月，普拉达在米兰时装周发布 2023 春夏女装系列，联合创意总监缪西娅·普拉达和拉夫·西蒙斯（Raf Simons）特邀电影导演尼古拉斯·温丁·雷弗恩（Nicolas Winding Refn）为发布会打造场景并拍摄系列电影短片。黑色纸质感的秀场与蓝紫色的灯光氛围将导演色彩浓烈的影像风格展现得淋漓尽致，系列短片营造出冰冷的整体氛围和超现实的感官体验，与 2023 春夏女装系列兼具浓烈色彩与冷酷质感的设计完美呼应。② 在中国，普拉达与影视圈也有很多交集。2020 年 9 月，品牌特别邀请著名导演贾

---

　　① 《Prada 与时代的复杂性共舞》，"LADYMAX"微信公众号，2021 年 1 月 20 日推文。
　　② 《Prada 打的文化牌为何如此独特》，"LADYMAX"微信公众号，2022 年 9 月 23 日推文。

樟柯打造"Prada Mode"①私人文化俱乐部全球第五展。导演以 Prada 荣宅为特定场域创作了以"面 Miàn"为主题的影像作品展，通过"吃面"（Noodle Eating）、"表面"（Surface）、"会面"（Meeting）三个章节，以舌尖体验、互动视听、讨论对谈三种方式对"面"进行多层解读。2022 年 8 月，品牌在北京郡王府举行 2022 秋冬男装和女装系列联合发布会，特邀郭柯宇（第 19 届大众电影百花奖最佳女主角）、惠英红（第 29 届、第 36 届中国香港电影金像奖最佳女主角和第 54 节中国台湾金马奖最佳女主角）、廖凡（第 64 届柏林国际电影节最佳男演员）、热依扎（第 33 届中国电视剧飞天奖优秀女演员）等著名影视演员参加走秀，同时还邀请毕赣、李亘、路阳、辛爽、文晏等影视导演现场看秀。这场声势浩大的活动受到广泛的关注，在青年群体中引起了极大的反响。

其次，普拉达坚持打造自己的精神阵地并强化品牌的文化基因。以在中国的行动为例。2011 年，普拉达获得了上海陕西北路上的百年宅邸"荣宗敬故居"20 年的使用权。品牌与著名建筑师罗伯托·巴奇奥基（Roberto Baciocchi）携手合作，耗时近 6 年将这座著名的历史建筑修缮一新，并取名为"Prada 荣宅"。2017 年 10 月，荣宅正式向公众开放，同时迎来了第一场大型活动——普拉达 2010 早春系列时装秀。充满历史厚重感的宴会大厅内，模特们身着华美的服饰，在巨大的彩绘玻璃穹顶下行走，羽毛、亮片与皮草搭配尼龙布、运动鞋和高筒袜，传统元素结合街头风格，展现出经典与创新相融合的惊艳效果。从此，荣宅成为普拉达在中国举办产品推广、艺术展示、文化交流等各类活动的专属场所，吸引了无数文艺青年、明星、"网红"等前往参观和"打卡"，成为

---

① Prada Mode 是普拉达集团旗下的一个私人文化俱乐部，为特定人群提供聚焦当代文化的专属体验，组织的项目多以音乐、餐饮、对话等为特色，目的是把丰富多元的艺术带到世界各地不同的城市，实现文化交流和灵感碰撞。

上海乃至全国瞩目的艺术时尚中心。2018年3年，荣宅迎来了首个艺术展览——"罗马：1950—1965"，探讨工业化与罗马城城市发展之间的共生与冲突，通过展示空间与作品的冲突感和对话性寻找地域文化之间的复杂叙事。① 2019年11月，中国艺术家李青在荣宅举办了个人主题展览"后窗"，展出了一百多件作品和装置，从"后窗"所指代的窥视行为出发，以空间为中心，将整座大宅按照功能结构分区，转变为展现不同历史痕迹的断层，展示不同的时代痕迹和地域特色。② 2020年11月，美国艺术家亚历克斯·达·科尔特(Alex Da Corte)在荣宅举办了名为《橡胶铅笔恶魔(Rubber Pencil Devil)》的特定场域展览，将影像、音乐与建筑融为一体，通过19个色彩各异的大型投影立方体展示高度风格化的循环影像，探索人类异化和欲望的边界。2021年3月至5月，美国艺术家西斯特·盖茨(Theaster Gates)专门为荣宅打造了特定场域展览"多宝阁"(China Cabinet)，表达他对陶瓷的热爱并展现其多种身份之间的微妙关联，从访客、对话者到宅邸的主人，逐渐转换叙事身份，探索荣宅的空间之美。2022年11月至2023年1月，华裔艺术家迈克尔·王(Micheal Wang)在荣宅举办了主题展览《太湖》，通过展示一系列个人作品，呈现太湖湖区的自然景观和文化遗产，以探索中国园林艺术的历史的方式，强调生态修复、可持续发展和环境保护刻不容缓。2023年3月至5月，荣宅的庭院和花园开设了周末集市，由精选商家展示有机食品、黑胶唱片、文艺书籍和陶瓷花器等，倡导可持续的高品质生活方式。

最后，普拉达致力于推动在更广泛的领域与更多学科的专业人士

---

① 《"学术感"是一种新的品牌人设吗?》，"WWD国际时尚特讯"微信公众号，2019年11月13日推文。

② 同上。

交流、互动与合作。从 2018 年开始，普拉达基金会与神经学家吉安卡洛·科米（Giancarlo Comi）带领的科学委员会合作，开展多学科大脑研究项目"人类大脑"（Human Brains），项目组成员包括认知神经学家、语言神经学家、神经生物学家、科学记者、策展人和哲学家等。2022 年至 2023 年，该项目举办了一系列主题活动：2022 年 4 月，品牌在威尼斯王后宫举办了《人类大脑：一切始于思想（Human Brains：It Begins with an Idea）》主题展览，通过科学影像、历史文物、文学演绎和模仿大脑工作原理的自组织视频系统揭开神经科学知识的发展历程；2022 年 11 月，基金会在官方网站的互动平台上召开了以"文化与意识"（Culture and Consciousness）为主题的线上会议；2023 年 3 月，品牌在上海的 Prada 荣宅举办"人类大脑：保护大脑——神经退行性疾病论坛"（Human Brains：Preserving the Brain—Forum on Neurodegenerative Diseases），介绍神经退行性疾病的研究过程与成果，向公众普及相关的医学知识。此外，品牌在 2022 年意大利米兰国际家具展期间与Formafantasma 研究与设计工作室合作举办了"Prada Frames"多学科研讨会，邀请建筑师、科技学者、人类学家、法律专家等共同探讨自然环境与时尚设计之间的的宏大话题。首期研讨的主题是从森林生态系统和木材行业延展到设计与科学在当代变革中的角色，充分体现了品牌对知识与规律的探求和对社会责任的坚守。

二、罗意威（Loewe）

在路威酩轩集团的品牌矩阵中，西班牙奢侈品牌罗意威（Loewe）的存在感一直比较低，近几年并未打造出超高热度的新款产品，也不曾在社交媒体制造引人瞩目的话题，但该品牌一直专注于探索全球各地的手工技艺和不同特色的文化现象，以极大的耐心投入文化建设，将更多的时间、精力和预算用于举办展览、制作影片和组织公益活动，逐渐累积起独特的品牌竞争力。

著名服装设计师乔纳森·安德森(Jonathan Anderson)从2013年起担任罗意威品牌的创意总监。十年来，他怀着对手工艺和文化无比的热忱，与各种艺术家、手工工匠、创意人才等交流与合作，在不同领域寻找创意和灵感，不断锤炼工艺内核，逐步建立起完整的品牌文化体系。为了向现代工艺的原创精神、高超技艺和艺术成就致敬，他在2016年主导创立了罗意威基金会工艺奖。奖项设立至今，始终强调手工艺在当下文化发展中的重要性，鼓励有远见卓识和创新精神的艺术家为未来制定新的标准，坚守品牌在1846年创立时作为手工艺人工坊的初心。他本人也发表了一系列向手工艺术家致敬的作品，如2017年致敬英国艺术与工艺运动领军人物威廉·莫里斯(William Morris)的朋克印花系列、2018年致敬苏格兰建筑师查尔斯·雷尼·麦金托什(Charles Rennie Mackintosh)的节日系列、2019年致敬英格兰著名陶艺家与工艺美术运动代表人物威廉·德·摩根(William De Morgan)的艺术家特别系列等。

2020年至2021年，时尚界受疫情影响无法在线下举办时装秀。罗意威转危机为机会，将2021春夏男装系列和2021春夏女装系列分别以"箱中秀场"和"墙上秀场"的形式呈现出来。"箱中秀场"从马赛尔·杜尚(Marcel Duchamp)的作品《手提箱里的盒子》(Boîte-en-valise)中汲取灵感，把包含自然和时装的微缩景观装在一个盒子里，做成便携博物馆式的场景装置，展示时装秀的全过程；"墙上秀场"是尝试以纸质媒介呈现秀场上的新内容的新形式，把产品资料与拼贴工具一起放入文件夹赠送给观众，让他们可以把产品的海报和画册贴在墙上，获得独一无二的手工体验。随后，罗意威将这种新的实体发布概念进一步扩展，在 2021 秋冬男装和女装联合发布活动中再次尝试与众不同的展示方式：从美国艺术家乔·布雷纳德（Joe Brainard）的彩色拼贴画作品《无题》（*Bow*）中获得灵感，设计出包含主题画册和拼贴画 T 恤的礼盒，打造独特的"书中秀场"和"衣上秀场"；拒绝跟风流行的数字化媒介，通过传统的报纸来展示最新的产品，在全球范围内精选有代表性的报刊（如法国的《费加罗报》和《世界报》、英国的《泰晤士报》、美国的《纽约时报》）同步发布精心设计的新品副刊，打造超大范围的"报中秀场"。

罗意威探索中国手工艺和文化的行动也可圈可点。"在数字化程度极高的中国市场，向着看起来更反潮流但也更贴近某种价值本质的方向行驶，成为当前奢侈品市场一个特殊的存在"①。2017 年、2019 年、2021 年和 2023 年，品牌分别在上海恒隆广场、北京三里屯、上海前滩太古里、成都国际金融中心打造了罗意威之家（Casa Loewe），除展示不同品类的自有产品外，还陈列了多件装置艺术作品，为消费者提供了一个能全方位感受品牌所倡导的审美理念、价值观和生活方式的空间。2019 年至 2021 年，罗意威连续三年在春节来临之际发布以"家·承"为主题的专题片。品牌走访了 9 座城市的 9 个传统工艺世家，以影像的形式呈现了 9 种中国传统手工技艺——陕西延川剪纸、上海豫园苏帮点心、贵州三都苗寨蜡染、浙江金华板凳龙、云南腾冲皮影戏、山东济南中国结、安徽黟县渔亭糕、四川崇州道明竹编、陕西凤翔木板年画，记录了春节、家与工艺的传承故事，向世代相传的工匠精神致敬。2022 年初，罗意威邀请青年演员吴磊和专业厨师朱黎明共同拍摄了以"饺子"为主题的新春电影，呈现包饺子的精致手法，探索传统中式美食里蕴含的匠心吉意。2022 年 11 月，罗意威在第十届 ART021 上海廿一当

① 《Loewe 没有浪费危机》，"LADYMAX"微信公众号，2021 年 3 月 8 日推文。

代艺术博览会期间举办了"中国单色釉陶瓷展览",展示国家级非遗代表性传承人邓希平创作的单色釉陶瓷金钟碗系列作品,向传统的单色釉陶瓷工艺和中国明清时期陶瓷的极简美学致敬。同年末,罗意威发布了"2023早春中国单色釉系列",将浅青、白色、秋葵绿、黄色、青绿、郎窑红、茶叶末、浅茄皮紫、茄皮紫、胭脂红这10种中国单色釉瓷器的传统颜色融入成衣产品和Puzzle、Hammock、Flamenco、Luna、Goya等经典包袋的设计中。该系列受到时尚界广泛关注,在社交媒体上获得了压倒性的好评。单色釉与罗意威的皮革制造在工艺理念上不谋而合,将单色釉瓷器"明然一色,匀润盈妙,清丽至雅,宛若天成"的美学特点与自身的产品工艺巧妙地融为一体,打破了消费者对浅层叠加中国元素的审美疲劳,充分展现出品牌对中国文化的深层次理解。此外,为了全面呈现单色釉的工艺,罗意威还专门前往中国瓷都景德镇,用平实的镜头和朴素的语言记录单色釉瓷器的制作过程。品牌还宣布捐款资助景德镇大学(中国唯一以陶瓷研究为特色的大学)开展"单色釉陶瓷教育项目",鼓励更多年轻人学习和传承这项独一无二的工艺。

在工艺推广和文化传播上的长期投入成就了罗意威良好的品牌形象,其具有工艺根基和文化底蕴的产品设计吸引了越来越多关注工艺传承和文化发展的年轻消费者。以罗意威的香水和室内香氛产品为例。从1972年发布第一款香水开始,罗意威的香水系列产品始终坚持从纯净本真的大自然中获得灵感,提取园艺植物的气味,以精湛的工艺调制出温和细腻且层次分明的香调,瓶身采用或透明清冷或绚丽明亮的植物纯色,突出原料成分的天然纯粹和文化理念的随性包容。2020年底,罗意威推出了首个家居香氛系列,包括香氛喷雾、香薰蜡烛、烛台、扩香棒等各种室内香氛产品。这个系列精选伦敦皇家植物园中的十种植物用于提炼气味,"唤醒维多利亚时代的花园景象,将植物园的纯粹精华融入呼吸之间"①, 同时赋予每种气味生动的嗅觉叙事: 杜松子——穿行于山峦灌木间的微风; 金银花——北方大陆的草药园风景; 芫荽——投缘与否只在一瞬; 柏树球——童年简报册里的明亮回忆; 番茄叶——采集果实之时, 绿叶的幸涩涌现; 甜菜根——丰饶大地之下的清甜结晶; 甘草——干燥之后, 愈显平和与甜美; 常春藤——悄寂宁静的绿, 阴翳里攀附向上; 牛至——古老地中海的馥郁神话; 甜豌豆——如果日光斑驳轻灵的影子拥有气味。最受年轻消费者欢迎的是香薰蜡烛和烛台, 盛放蜡烛的棱纹陶罐以公元前 5 世纪的希腊杯子为原型, 烛台底座的设计灵感源于路易十四时代的经典烛台, 呈现出厚重的历史气息。外包装上印有 10 种植物的写真图片, 便于找到香味的来源并探索植物本身的气味。

三、路易·威登(Louis Vuitton)

路易·威登是坚持核心价值、守护品牌文化的典范。路易·威登创立至今已有近 170 年, 旅行精神一直是其品牌文化的源头和核心价值所在, 贯穿品牌发展的全过程。

从 2007 年起, 路易·威登与著名摄影师安妮·莱博维茨(Annie Leibovitz)合作, 策划拍摄"核心价值"(Core Values)系列广告大片, 邀请来自不同领域的杰出人士参与演绎关于"旅行与工艺"(Travelling and Craftmanship)的品牌故事, 从多个角度展现品牌所推崇的旅行哲学。该系列打破了奢侈品牌的传统广告模式, 其重心不是产品, 而是不同行业的领军人物所演绎的精彩故事, "描绘的画面往往与时代背景有着种种

---

① https://www.loewe.com.cn/women/home/home-scents.(最后查询时间: 2023 年 3 月 8 日)。

微妙的联系，让人浮想联翩且回味无穷，为观众塑造了一种超越产品的渴望"①。十五年间，这个系列推出了一个又一个现象级的作品，持续向大众传达路易·威登的品牌文化和核心理念，即旅行不只是从一个地方到另一个地方，而是一种特殊的情感体验和一个发现自我的过程。2007 年的作品展示的画面是 80 岁的苏联领导人戈尔巴乔夫（Mikhail Gorbachev）乘车经过著名的"柏林墙"，配文为"旅行让我们面对自己"（A journey brings us face to face with ourselves），意在回顾厚重的历史与过往。2008 年的作品主角是电影《教父》的导演弗朗西斯·福特·科波拉（Francis Ford Coppola）和他同为导演的女儿索菲亚·科波拉（Sofia Coppola），配文为"每一个故事都蕴含一段美丽的旅程"（Inside every story, there is a beautiful journey），意指品牌的传统工艺世代相传。在 2009 年的作品中，第一位成功登月的美国女航天员萨莉·赖德（Sally Ride）、阿波罗 11 号上的登月宇航员巴兹·奥尔德林（Buzz Aldrin）和引导阿波罗 13 号安全着陆的指挥官吉姆·洛弗尔（Jim Lovell）一起抬头望向天空中的月亮，配文为"一些旅行将人类永远改变"（Some journeys change mankind forever），意在展示旅行带来的广阔视野。2010 年的作品展示了马拉多纳（Diego Maradonna）、贝利（Édson Arantes do Nascimento）和齐达内（Zinedine Zidane）三代球王聚在一起玩桌上足球的画面，配文为"三段非凡的旅行，一项历史性的运动"（Three exceptional journeys, one historic game），意在向生生不息的足球运动致敬。2012 年的作品也堪称经典：一张展示了拳王穆罕默德·阿里（Muhammad Ali）在自己家里与戴着拳击手套的孙子互动的画面，配文为"星星会为你指路，阿里与一颗冉冉升起的新星"（Some stars show you the way,

---

① 《路易·威登广告如何讲好"名人"故事?》，"华丽志"微信公众号，2022年 11 月 23 日推文。

Muhammad Ali and a rising star），意指希望与传承；另一张是美国著名游泳运动员迈克尔·菲尔普斯（Michael Phelps）和苏联著名体操运动员拉瑞萨·拉蒂尼娜（Larissa Latynina）同框，配文为"两段非同寻常的旅行，只有一条道路通往终点"（Two extraordinary journeys，just one way to get there），赞颂坚持与拼搏的运动精神。2022 年 11 月，路易·威登在第 22 届国际足联世界杯开幕当天发布了最新一期广告大片。当今足坛最顶尖的两位球员莱昂内尔·梅西（Lionel Messi）和克里斯蒂亚诺·罗纳尔多（Cristiano Ronaldo）第一次出现在同一个镜头里，倚靠着路易·威登的行李箱相对而坐，以标志性的棋盘格（Damier）硬质手提箱为棋盘，呈现出对弈的姿态，配文为"胜利是一种心态"（Victory is a State of Mind）。值得玩味的是，棋盘上所呈现的棋局是国际象棋大师芒努斯·卡尔森（Magnus Carlsen）和中村光在 2017 年的一次精彩的对决，其最终结果是"和局"，巧妙地暗示梅西和"C 罗"在足坛的地位难分伯仲。这则广告在社交媒体引起轰动，短短几天就获得了极高的关注度。抓住世界杯这一热点话题，促成两位顶尖球员的历史性合作，再现经典的广告创意，将品牌文化与时代发展紧密相连，必然能收获广泛的支持与共鸣。

　　路易·威登在中国市场的文化行动也独具特色。2021 年 11 月，品牌在深圳人才公园潮汐广场举办了"Louis Vuitton &"主题展览，以艺术品陈列、橱窗装置等多种形式呈现路易·威登在创意交流与艺术合作方面的发展历程。此次展览分为"路易·威登肖像""路易·威登如所见""源起""丝绸之艺""经典再现 MONOGRAM""空白画布般的手袋""艺术邂逅时装""中国创意人士精选硬箱作品"等十个主题，全方位地展示一个多世纪以来品牌与不同风格的艺术家们合作的创意作品，以及硬质旅行箱、Monogram 字母组合图案等传承百年的经典产品与设计。2022 年 5 月，"Louis Vuitton &"主题展览登陆青岛，不仅通过不同的主题展示工艺与创意之间的对话、过去与未来的联结、传统与现代的碰撞，还在当地特有的民居建筑"里院"和地标建筑"帆船"（青岛奥林匹克帆船中心）呈现巨型户外广告，将品牌所推崇的旅行哲学与当地的文化特色巧妙地融为一体。2022 年 9 月，路易·威登在河北秦皇岛的艺术沿海社区阿那亚举办了精彩绝伦的 2023 春夏男装衍生秀。这是一场为期三天的时尚文化盛宴。秀场上不仅再现了 2023 春夏男装巴黎发布会的盛况，还重点展示了专门为中国消费者打造的 10 套全新造型。秀场外同步举行落日派对、24 小时电影展映、文化对谈、户外瑜伽等沉浸式体验活动，还搭建了两个"限时书店"（librairies éphémères），展示并出售路易·威登旅行系列图书。值得一提的是，路易·威登邀请中国著名导演贾樟柯和魏书均拍摄了此次大秀的序幕电影《海市蜃楼》，从中国文化的视角诠释品牌的创意思维和设计理念。此外，他们还与本土咖啡品牌Manner Coffee 合作设计了限定款纸杯，大秀当天在北京、上海和秦皇岛阿那亚三地同步推出，吸引了大批年轻消费者。

四、迪奥（Dior）

一直以来，内涵丰富且形式独特的文化叙事是奢侈品牌打造核心价值的重要内容。对迪奥（Dior）来说，强调品牌与文化和艺术的关联并推进相关的交流与合作是强化文化叙事的主要途径，也是其擅长且惯用于扩大品牌文化影响范围的表达方式。

从 1947 年品牌创始人克里斯汀·迪奥推出第一个时装设计系列开始，迪奥掀起了一场又一场震动时尚行业的大变革。2017 年，迪奥在巴黎装饰艺术博物馆举办了"克里斯汀·迪奥，梦之设计师"（Christian Dior, Designer of Dreams）主题展览，以时间为主线，呈现品牌时装屋创立七十多年来历任创意总监的经典作品和设计理念。此后五年间，该展览先后进驻伦敦维多利亚和阿尔伯特博物馆、纽约布鲁克林博物馆、上海龙美术馆、日本东京现代美术馆等国际大都市的地标展馆，将迪奥品牌的历史和文化传播到世界各地。2022 年 3 月，迪奥在其巴黎旗舰店旧址蒙田大道 30 号打造了全新的"迪奥博物馆"(La Galerie Dior)。展厅中央的螺旋楼梯旁陈列了 1800 多件品牌创立至今所设计的经典款成衣、手袋和鞋履的 3D 打印模型。展厅内设置了 13 个不同主题的区域，展出品牌的创始人和历任创意总监设计的一百多套高级定制时装、女装成衣和上百件配饰等，同时陈列相关的设计图、手绘稿和档案文件，全方位展示迪奥品牌的历史沿革与文化传承。需要特别指出的是，即使举办同一主题的展览，迪奥也会持续对内容进行补充、丰富和更新，努力呈现品牌与文化艺术之间动态而紧密的关联。以中国市场为例。2020 年 7 月，"克里斯汀·迪奥，梦之设计师"主题展在上海龙美术馆西岸馆开幕，以全新的场景叙事展示迪奥时装屋 70 多年不断突破与创新的历史。除 200 多件高定时装作品外，还展示了来自高伟刚、刘建华、林天苗、徐冰等八位中国艺术家的作品，呈现不同的对话视角和想象空间。2021 年 7 月，"克里斯汀·迪奥，梦之设计师"主题展在成都当代美术馆重启，以创始人克里斯汀·迪奥及其继任者的代表作为主线，展示迪奥典藏馆中珍藏的高级定制时装和影音文字资料，重点呈现 1947 年的塑腰夹克(Bar Jacket)、迪奥小姐(Miss Dior)香水等具有划时代意义的作品和 6 名继任创意总监的杰出设计，简洁明快地刻画出品牌的历史框架与文化底蕴。2021 年 11 月，迪奥作为第八届西岸艺术与设计博览会的合作伙伴，在上海西岸艺术中心举办"迪奥与艺术"(ART'N Dior)主题展。整个展览分为三个板块："LADY DIOR 我之所见"单元展示了世界各地的艺术家以 LADY DIOR 手袋为灵感创作的个性化雕塑与摄影作品，其中包括蔡雅玲、梁曼琪、刘月等中国艺术家的创意之作;"DIOR LADY ART #6"单元展出了与李松松、张洹等 6 位艺术家合作的限量版 LADY DIOR 手袋;"迪奥摄影和视觉艺术新秀奖"单元展示了该奖项历年大奖得主的获奖作品。2022 年 11 月,"迪奥与艺术"(ART'N Dior)主题展再度回归上海。"LADY DIOR 我之所见"单元展出了多位国际艺术家的创作,包括中国艺术家杨冕的装置作品《RGB——视觉暂留那一刻光盒》和张如怡的实物作品《物化的容器》;"DIOR LADY ART #7"单元展示了来自中国、法国、俄罗斯、美国、卡塔尔等国家的艺术家所设计的 LADY DIOR 限量版手袋;"经典重塑——迪奥椭圆背椅的焕然新生"单元展示了来自中国、意大利、法国等国家的 12 位艺术家重塑椭圆背椅(迪奥高级时装屋的象征之一)的创意作品。

然而,由于对地域文化差异的了解不够深入,迪奥的文化价值输出并没有获得理想的效果,品牌近两年在中国市场的文化叙事行动频频引发舆论危机。2022 年 7 月,迪奥中文官网在售的一条标价 2.9 万元的半身裙被指与中国明清时期传统的"马面裙"相似。品牌在产品介绍中声称这条裙子采用了"迪奥的标志性廓形",对是否受到中国传统服饰文化的启发只字未提。事实上,这款裙装出自迪奥 2022 秋冬女装系列,该系列发布时曾公开表示其设计灵感来自韩国文化,其首发的秀场也选在了韩国首尔梨花女子大学,以示对韩国市场的重视。在中韩两国之间存在诸多文化摩擦的背景下,这件事在中国的社交媒体上迅速发酵,掀起了一场关于设计抄袭和文化挪用的全民争论,其中不乏反对和抵制的声音,甚至有年轻的中国留学生身着马面裙聚集在迪奥位于巴黎的线下精品店门口进行公开抗议。面对高涨的舆情,迪奥选择了沉默,虽然对相关产品进行了下架处理,但并未作出正面回应。同年 10 月,迪奥在中国的各大社交平台发布了 2023 早春成衣系列广告大片,其官方微博上的推文声称该系列"颂赞世界各地的超凡工艺，并将中式盘扣融于多款设计之中，致敬源远流长的中国文化"，此番言论再度引起争议。多位专业人士对所谓的"中式盘扣"的来源提出了不同的说法，有人认为它出自 19 世纪末欧洲极其常见的西班牙式"多尔曼夹克"（Dolman Jacket），有人则认为它来自匈牙利轻骑兵的"阿提拉夹克"（Attila Jacket），但无一例外都认为这种西式风格的绳结扣与中式服装的设计并无明显关联。① 实际上，2023 早春成衣系列早在 2022 年 6 月就已经在西班牙塞维利亚首发，当时的宣传全部围绕"西班牙文化"展开，各种新闻通告中明确出现了"西班牙弗拉明戈舞者卡门·阿玛亚（Carmen Amaya）是该系列的灵感缪斯之一""受到西班牙画家戈雅（Goya）画作中明暗格调的启发""品牌与西班牙之间的故事正在续写新章""既象征着迪奥的经典风格，也凝聚了西班牙的热情浪漫"等表述，并没有任何关于中国文化的内容。② 将明显具有西班牙文化元素的设计与中国文化生硬地捆绑在一起，这种牵强且敷衍的操作显然无法打动中国消费者，尤其无法说服日益成熟和理性的青年消费人群，这对品牌在"马面裙"事件后重塑形象毫无益处。

五、中国李宁

中国李宁是著名体操运动员李宁创立的专业运动品牌，三十多年来一直以"梦想"和"突破"为核心理念，不断探索中华民族的历史、人文和美学，凭借对中国文化的深刻理解和独树一帜的设计风格，成为时尚

① 《马面裙事件后，Dior 致敬中国文化再引争议》，"LADYMAX"微信公众号，2022 年 10 月 21 日推文。
② 同上。

界一股不可忽视的"中国力量"。

2018 年 2 月，中国李宁登陆纽约时装周，成为首个亮相国际时装周的中国运动品牌。秀场以"悟道"为主题，兼有"自省、自悟、自创"的精神，用实力传承国学文化的同时融合现代运动潮流，向全世界展现坚定的原创态度和时尚张力。① 整场展示分为两大板块："心之悟"将回溯中国文化与运动相结合，不忘初心，致敬经典；"型之悟"灵活运用现代演绎，预示中国运动潮流和未来的"国人创造"方向。印在胸前的"中国李宁"四个醒目的大字、古代中式元素与当代西方廓形相交融的设计、中国传统刺绣的细节引起了巨大的反响，在时装周上刮起强劲的"中国风"。2019 年 2 月，中国李宁再度征战纽约时装周，举办 2019 秋冬时装秀。"路虽弥，不行不至"，以"行"为主题，将实用主义的理念贯穿始终，把中国底蕴注入到现代运动潮流文化中，赋予其独特的中国气质。② 其中，经典运动装系列采用标志性廓形、多面料拼接和超大经典标志，其图案的设计理念中融入了黄山、嵩山和张家界等中华名山的元素和"天人合一"的中国古代哲学思想，再度收获如潮的好评。2020 年 1 月，中国李宁登上巴黎时装周，创始人李宁与成龙出现在 2020 秋冬时装秀现场，共同发布了以未来感黑白造型为基底、将功夫元素与军装风格融为一体的"李宁×成龙联名款功夫系列"设计，以运动时尚之形呈现中式美学的光芒。当然，品牌在国内市场的文化深耕也从未停止脚步。2020 年 8 月，为庆祝品牌成立三十周年，中国李宁在甘肃敦煌雅丹举办了"三十而立·丝路探行"新品发布会，从丝绸之路上流传千古的传奇故事中汲取设计灵感，打造出以"驼铃、秘语、拾叁侍、行边

---

① 《中国李宁"悟道"纽约时装周》，"李宁 CLUB"微信公众号，2018 年 2 月 8 日推文。

② 《纽约，行！》，"李宁 CLUB"微信公众号，2019 年 2 月 1 日推文。

令、破茧、征戎、隐士、问道、玄策"等为主题的联名款系列产品，"呈现中国文化中蕴含的至美，让世界看到行走千年的丝绸之路重新绽放"①。2021 年 4 月，品牌在河南郑州的戏剧幻城举办了盛大的 2021 秋冬潮流发布会。科技感的灯光视觉艺术将场地变为虚拟的棋盘格状，钢结构和镂空工艺打造出具有科幻感的古代凉亭，艺术潮流与东方智慧的哲思相融合，在孕育中华文明的中原腹地彰显运动潮流的无限可能。②

然而，文化探索的道路绝不是一帆风顺的，即使是中国李宁这种有着多年成功经验的国货品牌，依然会陷入"一招不慎，满盘皆输"的境地。2022 年 9 月，李宁在湖北荆门漳河机场举办了一场以"逐梦行"为主题的时装大秀，整场展示分"御风飞行""神功天物""宇形飞天"三个板块，以飞行为主线，选取古代、现代和未来的飞行元素，呈现中国几代航天人实现飞天奇迹的历程。在"神功天物"板块中，一组羽绒服饰的黄绿配色和耳帘设计被指疑似日本军服，不仅遭到专业人士的质疑，更引起普通消费者的强烈不满。此时，一张"李宁高管的朋友圈"截图在网络上流传，中式"笠型盔"的图片下面附有一段文字："我们的消费者，对于中华文化的沉淀、教育知识的传承还是少了。同时，我们应该自省，如何在正确引导消费者的过程中避免更多的误读。"说教的口吻和傲慢的态度导致舆论进一步发酵，批评产品和抵制品牌的声音不绝于耳。眼见事态越来越严重，品牌在官方微博发布了声明，表达歉意的同时，强调"本次大秀以'飞行'为主题，从飞行员装备中汲取灵感，展现人类探索天空的梦想，而飞行帽的设计来自中国古代的头盔、户外防护帽及棉帽，产品以多种颜色和款式呈现，兼具防风保暖等专业功能"。

---

① 《丝路探行落幕，此程意义非凡》，"李宁 CLUB"微信公众号，2020 年 9 月 10 日推文。
② 《中国李宁 2021 秋冬潮流发布》，"李宁"官方微信公众号，2021 年 4 月 7 日推文。

但大众对此并不买账，尤其是年轻人，他们通过各种渠道表达愤怒，并声称短期内不再考虑购买李宁的任何产品。资本市场的反应也十分迅速，李宁港股的股价连日暴跌，品牌市值大幅缩水。作为一个以民族情怀和文化传承为创立之本的国货品牌，在核心理念上犯错，触碰文化认知的底线，却以"教育消费者"的说辞为自己辩解，只会给大众留下"文化傲慢"的印象，最终失去人心。

想要成为成功的文化叙事者和传播者，必须从整体上把握相关主题的历史全貌，不能只片面地截取某种或某些文化元素。只有经过长期的积累和沉淀，用有诚意且有尺度的文化内容诠释品牌的精神与内涵，才能获得消费者尤其是年轻消费者的审美认同和文化共鸣。

时尚品牌节日营销背后的文化考量

在后疫情时代，时尚产业发展的重心向亚洲转移，中国市场成为各大时尚品牌的必争之地。中国的"千禧一代"和"Z世代"逐渐成长起来，成为时尚消费的中坚力量。这个群体具有鲜明的爱国态度和强烈的文化自信，只有拿出十足的诚意，才能打动这些潜在的消费者。对国际时尚品牌来说，遵循自身的品牌特点与定位，合理地运用中国文化元素，推出有分量的节日限定产品是吸引年轻消费者的重要途径。

以中国传统节日"七夕"为例，时尚品牌在营销推广上不再局限于演绎爱情故事、推出限定款、与明星合作等常规操作，而是试图更深入地了解当地文化，在更广的范围内探讨文化议题。2022年，在中国七夕节来临之际，各大品牌提出了各种新创意，尝试使用AI智能、动画IP、NFT作品、线上游戏等新形式和新技术实现品牌文化与中国元素的有效融合。巴黎世家（Balenciaga）别出心裁地以机器人为主角拍摄广告大片，由AI实体机器人演绎"七夕之恋"，展示Triple S运动鞋，Hourglass毛绒沙漏包，"B"字母配饰等经典款产品的节日特别版，打造出奇特的科技感，将标新立异、搞怪叛逆的品牌精神表现得淋漓尽致。纪梵希（Givenchy）与迪士尼合作，发布了"101只斑点狗"主题的七夕联名系列时尚单品。将先锋前卫的品牌风格与可爱的动画形象相融合，设计出情侣款印花 T 恤、斑点图案包袋和配饰，斑点狗情侣的形象契合七夕节的爱情主题，反派女魔头库伊拉的形象也透露出与众不同的叛逆意味。葆蝶家(Bottega Veneta)发布以"爱，在路上"(Love in Motion)为主题的短片，呈现了六个年轻人骑着单车环游海滨城市青岛的画面，通过镜头捕捉不同亲密关系中自然流露的美好瞬间，巧妙地展示 BV Cassette系列包袋和黑、白、绿为主色调的经典配色。比起闪耀的明星代言，这种将产品融入平实生活的叙述方式更能打动人心。卡文·克莱(Calvin Klein)推出了以"爱有引力"为主题的七夕限定礼盒，礼盒内除经典款的内衣产品外，还附赠了"摩登引力带""One 有引力带""炫光引力带""复古引力带"和"焦点引力带"五种限量 NFT 动态数字藏品。数字化的创意迎合了年轻消费人群的喜好，也凸显了品牌的年轻属性和创新风格。浪凡(Lanvin)将中国文化元素融入品牌的经典设计之中，推出"'珍'心胶囊"系列产品，同时还发布了一款七夕主题的线上游戏。游戏的主界面呈现品牌创立之初的视觉风格，互动部分将重力感应数字技术与品牌的经典元素相结合设置成关卡，闯关成功可获取经典古诗词的详细解读文字，还可以定制专属海报和精美壁纸，新颖的互动方式吸引了众多年轻的时尚消费者。

而在传统的中国春节，"红色"和"生肖"是各大时尚品牌无法绕过更不会轻易放弃的设计元素。但粗糙叠加的营销方式和生搬硬套的产品内容早已成为过去，丰富多元的设计风格和细致深入的表现形式才能真正打动年轻一代消费者。

2021 年初，巴黎世家(Balenciaga)推出了首个中国农历新年主题系列产品——牛年新春胶囊系列。创意总监 Demna Gvasalia 特别设计了生肖卡通形象"大眼小福牛"并将其呈现在 T 恤、连帽衫、外套等服装单品和经典的 Hourglass 包袋上，从充满童趣的视角展现中国春节的热烈氛围，与乐观向上的品牌精神相呼应。同时，品牌还在社交媒体上发布了一则广告，将卡通牛形象与胶囊系列产品图案排列组合，设计成童年回忆中的"消消乐"游戏场景，这种以"怀旧"和"童心"为理念的独特创意成功地吸引了大批年轻的时尚消费者。2022 年初，巴黎世家在虎年新春系列的产品设计中进行了新的尝试，不再采用大众熟知的老虎形象，而是根据老虎皮毛的颜色创造出更符合品牌一贯风格的荧光橙色，配合虎纹图案，打造服装、配饰和包袋等不同单品。同时，品牌还邀请艺术家 Pablo Rochat 和摄影师 Chris Maggio 共同创作广告大片。在广告画面中，长着大人身体的小女孩开心地看着电视，笑眯眯的小头奶奶认真地读着报纸，穿着虎纹长裙的老爷爷目不转睛地盯着手机，半躺在沙发里的年轻人慵懒地伸展着长长的腰身。广告以视觉错位的拍摄方式将产品自然地融入普通家庭的生活场景之中，呈现春节团聚时轻松、温暖和愉悦的气氛。真诚的态度成就的独特创意打动了许多年轻消费者，进一步强化了品牌与青年消费群体之间的情感连接。

路易·威登(Louis Vuitton)延续在新年系列的设计中加入生肖元素的一贯风格，推出了 Precious Tiger 虎年系列产品，将浓厚的中国红色、可爱的生肖虎图案、标志性的 Monogram 印花和经典的箱包设计元素融为一体，打造帽子、围巾、手链、杯子、餐具、摆件、拼图等不同品类的时尚单品，完美地呈现热闹喜庆的过年氛围。其中，"My LV Tiger"新春限定款项链用金属抛光和漆绘工艺制作虎头形状的挂锁吊坠，搭配带有明显 LV Circle 标志的金色细链条，成为年轻人春节送礼的热门之选。要特别强调的是，路易·威登品牌擅长在空间艺术中容纳时装艺术，让时装和建筑相互表达。2022 年初，西南地区首个"路易·威登之家"(Louis Vuitton Maison)在四川成都远洋太古里开幕。品牌将相邻的两栋建筑空间联结起来，精心搭建了虎年特别艺术装置。毛茸茸的老虎尾巴贯穿三层零售空间和旁边的广东会馆，或爬上阶梯，或攀去房梁，或倚靠在窗边，或伸展出房屋，或盘踞于庭院，生动活泼，充满童趣，巧妙地呼应壬寅虎年的生肖主题。随处可见的虎尾就像充满好奇心的孩童在神秘的空间里穿梭，迫不及待要去探索未知的世界。这种将中国文化元素融入品牌精神内核的独特方式吸引了无数具有探求精神的年轻人。

古驰（Gucci）在虎年春节前夕推出了全新的 2022 中国新年珍藏挚选系列产品。创意总监亚力山卓·米开理（Alessandro Michele）在品牌的典藏档案中找出艺术家 Victtorio Accornero 在 20 世纪 60 年代设计的老虎图案搭配"GUCCI TIGER"字样的彩色字母作为印在夹克、针织衫、牛仔外套和包袋上的图案。色彩绚丽的花卉丛林与淡色彩绘的老虎形象形成对比，与经典的双 G 图案和红绿织带融为一体，呈现出明媚复古的视觉效果。整个系列的设计并没有生搬硬套中国文化概念，而是选用品牌设计史中一直存在的老虎元素，用擅长的"创旧式"设计方法表现对以虎为代表的自然生物的一贯关注，"既避免了为契合虎年春节主题而强行与'虎'扯上关系的生硬感和刻意感，又让'虎'所代表的自然意象润物细无声般地融入到产品之中"[1]。在与年轻消费群体沟通互动的过程中，品牌也表现出了相当的诚意。大多数年轻人依然认为春节是最重要的传统节日，但相比于热烈繁复的盛大场面，他们更期待没有负担和压力的小范围团聚。该系列产品的广告宣传片并没有刻意渲染过年团聚时热闹的场景，而是着力表现朋友聚会时轻松惬意的氛围，更加贴合年轻消费群体的情感表达与诉求。

宝格丽（Bvlgari）并没有直接以"虎"为题进行创作，而是在经典设

---

[1] 《春节营销内卷化严重，但 Gucci 却另辟蹊径打破创意困局》，"WWD 国际时尚特讯"微信公众号，2022 年 1 月 27 日推文。

计中加入红色元素，精心打造了新年特别系列产品，与中国新年的热烈氛围相呼应。主推的 Serpenti Viper 新年特别款项链沿用经典的蛇形设计，在蛇的头部和尾部点缀色泽透润的红宝石，表达出新的一年"从头红到尾"的美好寓意。将生肖老虎图案小范围地用在价格相对较低且使用频率更高的品类上，推出新年款红色珠宝盒手袋和特别款披肩，吸引入门级消费者。值得注意的是，品牌在网络社交平台上持续发力，与受年轻人欢迎的明星合作，提供符合年轻人兴趣和喜好的创新内容和互动体验，与年轻消费者展开深入的交流和真诚的对话。从 1 月初起，宝格丽携手五位品牌代言人，在微信、微博、小红书等平台同步推出新春主题系列短片，展现年轻人的视角下新春佳节中不断变化的生活社交场景和温暖的团聚氛围：进入农历腊月，舒淇、文淇、佟丽娅和杨洋天各一方，在深夜时分不约而同走到窗边，看漫天飞舞的节日烟花，眼神中流露出对亲人的思念；腊月十二，舒淇蘸墨写福字，文淇剪窗花，杨洋点亮大红的灯笼，年味越来越浓；腊月二十六，佟丽娅给家人发红包，吴磊带着精心挑选的礼物脚步轻快地赶回家；腊月三十，一家人团聚在一起，共同举杯，相互祝福，庆贺新年。品牌不再以产品为主要对象进行符号描绘和文化参照，而是通过对人、物和场景的综合塑造全面真实地呈现节日庆祝的热闹气氛，最大化地引起年轻人的情感共鸣。

普拉达（Prada）推出"虎年行动"系列特别项目，意在提升人们对老虎生存困境的认识，通过实际行动保护这种传奇猛兽。品牌将标志性的三角徽标改为虎头形的"Prada Logo"，创造了一个极具辨识度的符号，鼓励大众参与动物保护行动。普拉达推出的虎年新春系列服饰单品包括"纵贯线"（Linea Rossa）系列滑雪服、再生尼龙（Re-Nylon）材质的手袋、经典针织夹克与连帽衫等。广告宣传片中，品牌代言人身着包含红色元素的服饰，在红色空间随意摆出各种造型，自在地表达个性与感受，呈现红火热烈的新年气氛。品牌还邀请 30 岁以下来自全球各大艺术院校的学生以"虎"为题进行创作，优秀作品将有机会特别呈现在贯穿全年的虎年行动中，以此鼓励年轻艺术家用新的创意诠释中国的传统生肖文化。此外，品牌还进一步捐助中华绿化基金会的"与虎豹同行"项目，保护濒危的野生东北虎，分享生物多样性信息，发起科普行动和自然教育活动，提高大众对虎豹的保护意识，同时打造"大猫伊甸园"，呼吁人类与野生动物和谐共处。普拉达持续且深入的"虎年行动"吸引了许多对环境保护具有天然责任感的年轻人，为其赢得了良好的口碑。

2023 年初，华伦天奴（Valentino）推出了"Valentino Rosso 红新春系列"设计并邀请品牌代言人孙俪和妹妹孙艳共同出演了"红运相随"兔年新春特辑。影片并没有使用常见的生肖兔元素，而是以中国文化中象征着吉祥喜庆的红色为主线，讲述了一个关于成长与团圆的故事。一个红色风车玩具和一根红绳勾起姐妹俩儿时的快乐回忆，她们身穿红色的衣裙，在各种红色的中式建筑间奔跑穿梭，最终在红色帷幔的包围中相聚。红色是华伦天奴的标志性颜色。无论是六十多年前创始人加拉瓦尼（Valentino Garavani）根据歌剧《卡门》中女主角身着红裙热情似火的形象设计出的"华伦天奴红"（Valentino Rosso）高定礼服，还是现任创意总监皮乔利（Pierpaolo Piccioli）灵感迸发设计的高饱和度粉色"Pink PP"系列成衣，都体现了品牌对红色一以贯之的热爱，更象征着品牌一直以来坚守的审美和价值观。影片将独特的西方色彩美学融入厚重的东方文化场景，用一脉相承的红色表现情感的凝聚，让年轻消费者真切地感受到文化传承的力量。在新春系列中，品牌将经典的"Rosso 红"融入全新设计的"V 形印花"，打造了服装、配饰和鞋履等不同品类的红色时尚单品，表现出既坚守经典又与时俱进的时尚态度。

　　对美妆品牌而言，走"中国风"路线是进行春节营销的常见操作，但只有精准把握中国消费者的审美偏好和情感需求，恰到好处地运用中国文化元素，品牌才能在激烈的竞争中立于不败之地。以2022年虎年春节的产品营销为例。国际美妆品牌不再将中国元素简单叠加或直接挪用，而是在深入了解中国文化的基础上提供更符合年轻人兴趣与诉求的产品和创意，从价值观上与年轻消费者建立有效的连接。来自法国的美容品牌巴黎欧莱雅（L'Oréal Paris）从中国新年置办年货的习俗中获得灵感，与上海第一食品商店合作举办为期两周的"虎啸新年"市集，在这家老字号食品店中出售虎纹限定包装的明星美妆产品。市集举办期间，欧莱雅还与汉服品牌"重回汉唐"合作，打造"虎啸新年汉服日"，邀请四位国风博主来到活动现场，吸引了大批喜爱国风文化的年轻消费者。此外，巴黎欧莱雅还与新中式烘焙品牌"虎头局"合作，限量发售新年礼盒，礼盒中包含虎皮丝绒蛋糕和五款红色包装的美妆新品，一经推出很快便一抢而空。路威酩轩（LVMH）旗下的美妆品牌馥蕾诗（Fresh）与潮玩品牌泡泡玛特合作，将热门虚拟形象 Molly 印在红茶系列产品的外包装上，搭配四款盲盒版 Molly 猛虎瓶盖，消费者还可以通过小程序抽取虚拟 Molly 玩偶。美国护肤品牌科颜氏（Kiehl's）也同样瞄准了热爱潮玩和电竞网游的年轻人，除了与泡泡玛特旗下的另一个热门虚拟形象 Dimoo 合作推出了新年限定联名礼盒外，还与竞技手游"王者荣耀"联动，在游戏中发放产品兑换券，品牌官方商城的小程序中也可以抽取游戏的荣耀水晶心意金。日本护肤品牌 SK-II 推出了虎年限定版"神仙水"，把黑色的老虎剪影印在橙色玻璃瓶上，创造出别具一格的老虎纹样。瓶身上还有两组文字，黑色的"Can't, Must, Expected, Have to"（不行、一定、必定、必须）被黑线条抹去，白色的"Rewrite Destiny"（改写命运）得以保留，鼓励年轻人不惧困难，摆脱束缚，掌控自己的命运。

法国护肤品牌娇韵诗（Clarins）为王牌产品"黄金双萃"换上了虎年包装，将一只充满活力的金色老虎印在红色瓶身的正中央，再插上金色的翅膀，寓意好运连连，如虎添翼。同时，娇韵诗还宣布与世界自然基金会合作开展东北虎保护项目，推动建设生态廊桥和东北虎核心社区，助力提高保护地反盗猎水平，意在唤起消费者的动物保护意识，传递品牌的可持续价值观。中国本土美妆品牌则充分发挥自身更了解中国文化和更接近年轻消费者的天然优势，提出了各种新奇独特的创意。新国货品牌"完美日记"从拜年的喜庆场景中汲取灵感，将经典产品"名片"唇釉的外包装盒设计成红包的式样，并用中式书法在红包上写下新年祝福语。以擅长捕捉普通人记忆中的气味而闻名的"气味图书馆"则推出了"喜气"系列香氛及洗护产品，以冰糖葫芦和烟花爆竹为前调，米香和水仙花为中调，东方焚香和中国五香为后调，营造出温暖喜庆的过年气氛。本土香氛品牌"闻献"打造出具有陶瓷雕塑质感的虎抱蜡烛，呈现虎与人类相拥的形态，探究人与自然之间相互依存的关系，阐述"与虎相拥，和谐相生"的艺术美学。本土生活方式品牌野兽派邀请美国艺术家 Jayde Fish 创作《醉虎下山》藏宝图，将充满童趣的插画图案和传统的老虎纹样结合起来，设计出"醉虎下山"系列香氛和配饰产品，萌趣可爱的设计风格颇受年轻人喜爱。国民香薰品牌"观夏"推出招财虎春节限定礼盒，从东方文化的视角将诗句"心有猛虎，细嗅蔷薇"转化为具体的产品形态和图案包装，展现手作艺术的美感和传统节日的文化底蕴。

与服装、包袋、美妆等更新速度快的时尚产品相比，珠宝和腕表的研发和创新需要投入更大量的人力、物力和时间，在节日营销上往往更重视文化的象征意义，更突出自身的工艺技术和创新能力。同样以2022 年虎年春节的产品营销为例，许多硬奢品牌都拿出了"诚意之作"，希望通过展示自己对中国文化的理解与尊重来赢得关注，同时也从中国文化的深厚积淀中汲取营养以提升自身的文化内涵。伯爵（Piaget）连续十年推出限量版生肖主题腕表，表达对中国文化中"传承"意义的理解和对中国传统节日的重视。在壬寅虎年来临之际，品牌推出了Altiplano 至臻超薄系列虎年限定版腕表，白金表壳上点缀 78 颗切割钻石，表盘正中是珐琅工艺大师 Anita Porchet 运用大明火掐丝珐琅工艺制作的老虎，内部搭载独有的手动上链超薄机械机芯，充分展示了其在钻石镶嵌、艺术工艺和超薄制表方面的精湛技术。宝珀（Blancpain）在虎年春节期间推出了限量版"旺虎"腕表，沿用品牌独创的"中华年历"工艺，将干支纪年、十二时辰、农历日期、农历月份、生肖五行、月相等计时规则与标准的分针、时针和公历日期同时呈现在一块手表上，铂金材质搭配白色大明火珐琅表盘，机芯摆陀上手工镌刻"旺虎"图案，全球限量发行 50 枚。宝玑（Breguet）以"虎"为主题，推出了 8 款 Classique 经典系列 7145 壬寅年生肖腕表，运用玑镂刻花和润饰镌刻工艺将猛虎图案刻于表盘之上，搭载超薄自动上链机芯、镂空式发条盒和偏心自动陀，打造出传统工艺与精致美学相结合的完美产品。这些品牌对中国文化的深刻解读和精湛的制表工艺打动了众多具有民族自豪感的年轻人。宇舶（Hublot）则另辟蹊径，与潮流艺术家 Ikky Lin 联手，将缤纷繁复的色彩与生动逼真的老虎形象融为一体，创作出一幅"虎虎生丰"新春图，其奔放热烈的艺术风格与独树一帜的品牌精神完美契合，给大众留下了深刻的印象。此外，珠宝品牌也纷纷推出虎年限定款。伯爵打造了"Possession 时来运转"系列 18K 白金珠宝首饰，包括戒指、开放式手镯、滑动式项链等不同品类，主打中国文化中推崇的"运势"概念，吸引了大批具有文化认同感的年轻人。梵克雅宝（Van Cleef & Arpels）从20 世纪 50 年代推出的"La Boutique"经典系列中获得灵感，以中国十二生肖动物为原型设计出"Lucky Animal Tiger"胸针，生动有趣又不失亲切自然的风格颇受年轻群体喜爱。蒂芙尼（Tiffany & Co.）则在经典的 Tiffany Keys 钥匙系列设计中加入红玉髓，打造出虎年限量款铂金镶钻宝石钥匙吊坠和 18K 黄金镶钻冠形钥匙吊坠，让品牌精神与中国文化产生更紧密的联结。

参 考 文 献

[1]高桥，曹艺(译). 高价也能畅销——奢侈品营销的七项法则[M].
北京：人民邮电出版社，2007.

[2]帕米拉·丹席格. 流金时代——奢侈品的大众化营销策略[M]. 宋亦
平，朱百军，译. 上海：上海财经大学出版社，2007.

[3]若昂·德让. 时尚的精髓——法国路易十四时代的优雅品位及奢侈
生活[M]. 杨冀，译. 上海：三联书店，2012.

[4]顾庆良. 时尚产业导论[M]. 上海：上海人民出版社，格致出版社，
2010.

[5]多米尼克·古维烈. 关于时尚的终极诘问[M]. 治棋，译. 北京：中
国纺织出版社，2009.

[6]普兰温·克斯格拉芙. 时装生活史[M]. 龙靖遥，张莹，郑晓利，
译. 上海：中国出版集团东方出版中心，2004.

[7]孔淑红. 奢侈品产业分析[M]. 北京：对外经济贸易大学出版社，
2010.

[8]孔淑红. 奢侈品品牌历史[M]. 北京：对外经济贸易大学出版社，
2010.

[9]赖红波. 中国新奢侈品——数字赋能背景下本土品牌培育与转型升

级研究[M].上海：同济大学出版社，2021.

[10]卢泰宏，周懿瑾.消费者行为学——中国消费者行为学[M].北京：中国人民大学出版社，2015.

[11]片平秀贵.超级品牌本质[M].林燕燕，译.北京：东方出版社，2007.

[12]斯特凡尼亚·萨维奥洛，艾利卡·科贝利尼.时尚与奢侈品企业管理[M].江汇，译.广州：广东经济出版社，2016.

[13]维尔纳·桑巴特.奢侈与资本主义[M].王燕萍，侯小河，译.上海：上海人民出版社，2007.

[14]米歇尔·舍瓦利耶，热拉尔德·马扎罗夫.奢侈品品牌管理[M].卢晓，编译.上海：格致出版社，上海人民出版社，2008.

[15]阿肖克·颂，克里斯蒂安·布朗卡特.奢侈品之路——顶级奢侈品品牌战略与管理[M].谢绮红，译.北京：机械工业出版社，2016.

[16]孙骁骥.凶猛购物——20世纪中国消费史[M].北京：东方出版社，2019.

[17]马克·唐盖特.时尚品牌传奇[M].陈婕，译.北京：中国纺织出版社，2008.

[18]向勇，唐金楠.奢华盛宴——时尚经济漫谈[M].北京：金城出版社，2010.

[19]黛娜·托马斯.奢侈的！[M].李孟苏，崔薇，译.重庆：重庆大学出版社，2011.

[20]杨魁，董雅丽.中国消费文化观念的媒介呈现研究[M].北京：人民出版社，2015.

[21]王磊智.乐观的中国消费者[M].北京：经济科学出版社，2011.

[22]王迤凇.奢侈态度[M].杭州：浙江大学出版社，2011.

[23]张家平. 奢侈孕育品牌[M]. 上海：学林出版社，2007.

[24]郑也夫. 消费的秘密[M]. 上海：上海人民出版社，2007.

[25]周云. 奢侈品品牌管理[M]. 北京：对外经济贸易大学出版社，2010.

[26]周婷，朱明侠. 奢侈品案例分析[M]. 北京：对外经济贸易大学出版社，2010.

[27] ALLERES D. Le Luxe, stratégie Marketing[M]. Paris：Economica，2005.

[28] AMADIEU J-F. Le Poids des apparences, beauté, amour et gloire[M]. Paris：Odile Jacob，2002.

[29] ARNAULT B. La Passion créative[M]. Paris：Plon，2000.

[30] BASTIEN V, KAPFERER J-N. Luxe oblige[M]. Paris：Eyrolles，2017.

[31] BAUDRILLART H. Histoire du luxe privé et public depuis l'Antiquité jusqu'à nos jours[M]. Paris：Hachette et Cie，1878-1880.

[32] BAUDRILLARD J. La Société de Consommation[M]. Paris：Delanoël，1970.

[33] BELL Q. Mode et société. Essai sur la sociologie du vêtement[M]. Paris：Presses Universitaires de France，1992.

[34] BERTHOUD F. Une industrie du rêve et de la beauté：parfums et cosmétique[M]. Paris：Éditions d'Assalit，2006.

[35] BLANCKAERT C. Les Chemins du luxe[M]. Paris：Grasset，1996.

[36] BONVICINI S. Louis Vuitton, une saga française[M]. Paris：Fayard，2004.

[37] BOUCHER F. Histoire du costume en Occident de l'Antiquité à nos

jours[M]. Paris：Flammarion，1996.

[38] BOUISSOU J-M, SIBONI J, ZINS M-J. Argent, fortunes et luxe en Asie[M]. Arles：Éditions Philippe Picquier, 2013.

[39] BRIOT E, DE LASSUS C. Marketing de luxe, Stratégies innovantes et nouvelles pratiques[M]. Paris：Éditions EMS, 2014.

[40] CASPER G, DARKPLANNEUR. La génération Y et le luxe[M]. Paris：DUNOD, 2014.

[41] CASTAREDE J. Histoire du luxe en France des origines à nos jours [M]. Paris：Eyrolles, 2007.

[42] CASTAREDE J. Luxe et civilisations, histoire mondiale[M]. Paris：Eyrolles, 2008.

[43] CASTAREDE J. Le Luxe, que sais-je[M]. Paris：Presses Universitaires de France, 1992.

[44] CHEVALIER M, LU P X. Le luxe en Chine, Potentiel économique et approche marketing[M]. Paris：Éditions ESKA, 2011.

[45] CHEMLA N. Pourquoi le luxe nous possède[M]. Paris：Éditions Séguier, 2014.

[46] DESLANDRES Y, MÜLLER F. Histoire de la mode au 20e siècle[M]. Paris：Éditions Somogy, 1991.

[47] DUGUAY B. Consommation et luxe[M]. Paris：Liber, 2007.

[48] ERNER G. Victimes de la mode ? Comment on la crée, pourquoi on la suit[M]. Paris：Éditions La Découverte, 2004.

[49] GIANNOLI P. Les Marques dans notre vie[M]. Milan：Éditions Milan, 2003.

[50] GIROUD F, VAN DOISEN S. Christian Dior[M]. Paris：Éditions du

Regard，1991.

［51］GRUMBACH D. Histoires de la mode［M］. Paris：Éditions du Regard，2008.

［52］HAIE V. Donnez-nous notre Luxe quotidien［M］. Paris：Gualino，2002.

［53］KANT E. Observations sur le sentiment du beau et du sublime［M］. Paris：Vrin，1997.

［54］KAPFERER J-N. Luxe，nouveaux challenges，nouveaux challengers［M］. Paris：Eyrolles，2016.

［55］KERLAU Y. Les dynasties du luxe［M］. Paris：Perrin，2010.

［56］KERVELLA C T. Le Luxe et les nouvelles technologies［M］. Paris：MAXIMA，2016.

［57］LANNELONGUE M-P. La Mode racontée à ceux qui la portent［M］. Paris：Hachette-Littératures，2003.

［58］LIPOVETSKY G，ROUX E. Le Luxe éternel，de l'âge du sacré au temps des marques［M］. Paris：Éditions Gallimard，2003.

［59］LOCHARD C，MURAT A，Luxe et Développement durable［M］. Paris：Eyrolles，2011.

［60］LOMBARD M. Produits de luxe，les clés du succès［M］. Paris：Economica，1989.

［61］LOUIS B. Les Industries du luxe en France［M］. Paris：Odile Jacob，1998.

［62］MARCHAND S. La Guerre du luxe［M］. Paris：Fayard，2001.

［63］MESSAROVITCH Y，Arnault B. La passion créative［M］. Paris：Plon，2000.

［64］ MILLERET G, DE BOISSIEU E. Les vitrines du luxe, une histoire culturelle du commerce haut de gamme et de ses espaces de vente［M］. Paris：Eyrolles, 2016.

［65］ MORABITO J. Le Guide du luxe［M］. Paris：Lexilux, 2003.

［66］ NATTA M-C. La Mode［M］. Paris：Economica, 1996.

［67］ PERROT P. Le Luxe, une richesse entre faste et confort：XVIIIe-XIXe ［M］. Paris：Seuil, 1984.

［68］ PERROT P. Les Dessus et les Dessous de la bourgeoisie：une histoire du vêtement au XIXe siècle［M］. Paris：Seuil, 1981.

［69］ POCHNA M-F. Christian Dior［M］. Paris：Flammarion, 1994.

［70］ REMAURY B. Dictionnaire de la mode au 20e siècle ［M］. Paris：Éditions du Regard, 1996.

［71］ RENNOLDS C. Couture：les grands créateurs［M］. Paris：R. Laffont, 1986.

［72］ RICHOU S, LOMBARD M. Le Luxe dans tous ses états［M］. Paris：Economica, 1999.

［73］ ROUART J-M. Luxe et Civilisations［M］. Paris：Eyrolles, 2009.

［74］ ROUZAUD C. Un problème d'intérêt national：les industries du luxe ［M］. Paris：Sirey, 1946.

［75］ SAINTE MARIE A. Luxe et Marque, identité, stratégie, perspectives ［M］. Paris：DUNOD, 2015.

［76］ SCHROEDER S, MATIGNON J. Le Goût du luxe［M］. Paris：Balland, 1972.

［77］ SEMPRINI A. La Marque［M］. Paris：Presses Universitaires de France, 1995.

[78] SICARD M-C. Ce que marque veut dire[M]. Paris: Éditions d'Organi-
sation, 2001.

[79] SICARD M-C. Luxe mensonges & marketing [M]. Paris: Pearson
éducation France: Village mondial, 2003.

[80] STEELE V. Se vêtir au 20e siècle, de 1945 à nos jours[M]. Paris: Ad-
am Biro, 1998.

[81] TSAI J. La Chine et le Luxe[M]. Paris: Odile Jacob, 2008.

[82] VOLTAIRE F. Le Mondain et Défense du Mondain ou l'apologie du luxe[M].
Paris: Gallimard, 1961.

[83] ZHENG L H. Les Stratégies de communication des Chinois pour la face
[M]. Lille: Presses Universitaires Septentrion, 2002.